全域旅游发展路径研究

陈 捷◎著

北京工业大学出版社

图书在版编目（CIP）数据

全域旅游发展路径研究 / 陈婕著. — 北京 : 北京工业大学出版社，2020.7（2022.5 重印）
ISBN 978-7-5639-7569-3

Ⅰ. ①全… Ⅱ. ①陈… Ⅲ. ①旅游业发展—研究—中国 Ⅳ. ①F592.3

中国版本图书馆 CIP 数据核字（2020）第 136394 号

全域旅游发展路径研究

QUANYÜ LÜYOU FAZHAN LUJING YANJIU

著　　者：陈　婕
责任编辑：李俊焕
封面设计：点墨轩阁
出版发行：北京工业大学出版社
（北京市朝阳区平乐园 100 号　邮编：100124）
010-67391722（传真）　bgdcbs@sina.com
经销单位：全国各地新华书店
承印单位：三河市明华印务有限公司
开　　本：710 毫米 ×1000 毫米　1/16
印　　张：10.25
字　　数：230 千字
版　　次：2020 年 7 月第 1 版
印　　次：2022 年 5 月第 3 次印刷
标准书号：ISBN 978-7-5639-7569-3
定　　价：56.00 元

前　言

全域旅游是近几年提出的一种新的旅游概念。它既是一种新的旅游观念，同时也是我国社会经济发展新常态下的一种推动区域产业结合的新方式。全域旅游作为供给侧改革的新方式，其核心要务是整合区域产业，带动区域内的其他产业快速发展，突显旅游业的中心地位。推动全域旅游发展是我国新阶段旅游发展战略的再定位，是一场具有深远意义的变革。我们应借助国家大力推进供给侧改革、新型城镇化和美丽乡村建设以及产业转型的东风，改变旅游产业的收入模式，从景点旅游模式转向全域旅游模式。

全域旅游发展的原动力是大众旅游时代旅游消费和旅游需求的升级，驱动力是“创新、协调、绿色、开放、共享”的旅游发展理念，诱导力是分享经济，助推力是旅游基础设施的完善。在此基础上，我们要树立全域旅游发展的理念，整合资源、共建品牌，创立“政府主导、企业主体、全民参与”的旅游方式，促进产业融合发展，创新全域旅游发展的实现路径。

本书共分为五章。第一章为全域旅游研究背景，说明了在现代互联网兴起的大背景下，休闲旅游业的兴起；第二章对全域旅游理论体系进行了相对详尽的分析；第三章介绍了全域旅游发展战略，对全域旅游的发展核心与要义等方面做了介绍；第四章重点介绍了全域旅游发展配套设施建设，包括基础设施建设、服务设施建设和辅助设施建设；第五章介绍了全域旅游发展保障体系建设，包括政策法规保障体系建设、市场保障体系建设、资金保障体系建设、人力资源保障体系建设、技术保障体系建设、安全保障体系建设和可持续发展保障体系建设七个方面。

笔者在撰写本书的过程中参考了大量的文献和资料，但是由于笔者能力有限，书中难免有疏漏和不妥之处，请读者批评指正。

目 录

第一章　全域旅游研究背景

"五四"时期，李大钊先生发表了一篇文章《艰难的国运与雄健的国民》。文章说，人类在历史上的生活正如旅行一样。旅途上的征人所经过的地方，有时是坦荡平原，有时是崎岖险路。老于旅途的人，走到平坦的地方，固是高高兴兴地向前走，走到崎岖的境界，愈是奇趣横生，觉得在此奇绝壮绝的境界，愈能感到一种冒险的美趣。……要知在艰难的国运中建造国家，亦是人生最有趣味的事。

2016年，中国已经发展到了一个新的历史阶段，可以用雄健的国运与创新的国民来概括。在这样一个阶段，创新是主驱动力，是继往开来的关键，也是对《艰难的国运与雄健的国民》在新的历史时期一个很好的回应。也只有如此才能从根本上实现中华复兴，这不是历史上的辉煌再现，而是在更为广阔、更为久远的意义上获得新生。这是一个最好的时代，是一个能够好好干事业的大时代。

从政策层面上看，2009年，《国务院关于加快发展旅游业的意见》首次明确了旅游业的"国民经济的战略性支柱产业和人民群众更加满意的现代服务业"的定位；2012年2月和7月，《关于金融支持旅游业加快发展的若干意见》和《关于鼓励和引导民间资本投资旅游业的实施意见》分别出台，全力推动旅游产业投资发展；2013年，《国民旅游休闲纲要（2013—2020年）》提出，到2020年，职工带薪年休假制度基本得到落实，城乡居民旅游休闲消费水平大幅提高的发展目标基本实现；2014年，《国务院关于促进旅游业改革发展的若干意见》提出要增强旅游发展动力，扩大旅游发展空间；2015年，《2015全国旅游工作会议工作报告》重点提到了旅游大投资、大项目问题；2015年8月，《关于进一步促进旅游投资和消费的若干意见》针对增加旅游投资和消费，提出了6个方面、26条具体政策措施，随后，国家旅游局下发了《关于开展"国家全域旅游示范区"创建工作的通知》。7年内，国家相关部门密集下发多个文件，这样的情况，在历史上从未有过。这些重要文件可以说是党和国家领导人集体应对大时代、迎接新挑战的重要战略部署，也是国家高层领导达成共识的具体表现。

从行业产业报告统计的数据上看，国民人均出游从 1984 年的 0.2 次增长到 2015 年的 3 次，增长了 14 倍；国内游客数量从 1984 年的约 2 亿人次扩大到 2015 年的 40 亿人次，增长了 19 倍，年均增长 10.2%；国内旅游收入也从 1985 年的约 80 亿元增长到 2015 年的 34200 亿元，增长了 426.5 倍，年均增长 22.4%。

顺势而为，事半功倍，春种夏播，一定要按季节、规律行事。如今，旅游产业的转型与升级工作，恰恰在一个顺风顺水、大势所趋的情境下开展。

从我国社会经济发展的背景来看，全域旅游是在我国社会经济发展进入新常态时提出来的，中国经济的新常态与中国旅游的常态发展所形成的态势差，使得大量的资本、技术进入旅游产业。在这种情况下，如果不从全域范围内扩大旅游业的容量，旅游业是难以容纳这些大资本和大技术的进入的。我国旅游业是沿着一条从“小旅游”向“大旅游”发展的道路走过来的。进入 21 世纪，我国旅游市场变大了，旅游产品变多了，旅游形态和旅游业态更丰富了，标志着我国旅游业进入了“大旅游”的发展阶段。

基于此，本章归纳、展示了新时期旅游业发展的 8 个时代性命题，这 8 个时代性命题是中国旅游业下一步发展的重点和难点，是需要我们进一步研究和关注的中心话题。同时，每一个命题在旅游业的发展中都有新格局、新位置，也都有新发展的契机，把握住这些契机，中国旅游业才会走在时代的前沿。

第一节　互联时代

一、“互联网 +”

（一）“互联网 +”概述

“互联网 +”代表一种新的经济形态，即充分发挥互联网在生产要素配置中的优化和集成作用，将互联网的创新成果深度融合于社会经济各领域之中，提升实体经济的创新力和生产力，形成更广泛的以互联网为基础设施和实现工具的经济发展新形态。“互联网 +”有六大特征（见图 1-1）。

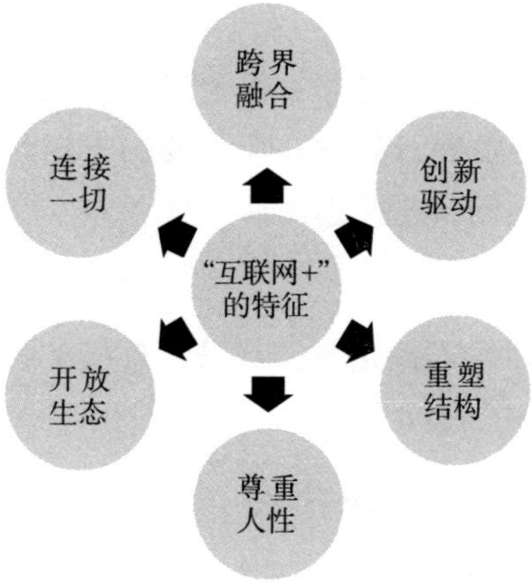

图 1-1 "互联网 +"的六大特征

1. 跨界融合

"+"就是跨界，就是变革，就是开放，就是重塑融合。敢于跨界，创新的基础就更坚实；融合协同，群体智能才会实现，从研发到产业化的路径才会更顺畅。融合本身也指身份的融合，客户消费转化为投资，合作伙伴参与创新，等等。

2. 创新驱动

中国粗放的资源驱动型增长方式早就难以为继了，必须转变到创新驱动发展这条正确的道路上来。这正是互联网的特质，用所谓的互联网思维来求变，才更能显示出创新的力量。

3. 重塑结构

信息革命、全球化、互联网已打破了原有的社会结构、经济结构、地缘结构、文化结构。权利、议事规则、话语权不断在发生变化。"互联网 +"的社会治理、虚拟社会治理会与传统治理方式有很大的不同。

4. 尊重人性

人性的光辉是推动科技进步、经济增长、社会发展、文化繁荣的最根本的力量，互联网的力量之强大最根本的来源是对人性最大限度的尊重、对人的体验的敬畏、对人的创造性发挥的重视，如用户原创内容、卷入式营销、分享经济等。

5. 开放生态

对于“互联网 +”而言，生态是非常重要的特征，而生态的本身就是开放的。我们推进“互联网 +”的发展，其中一个重要的方向就是要把过去制约创新的环节化解掉，把孤岛式的创新连接起来。

6. 连接一切

连接是有层次的，而且连接是有差异的，连接的价值是相差很大的，但是连接一切是“互联网 +”的目标。

（二）“互联网 +”，加什么

2015 年，华泰联合证券的刘晓丹女士从“加什么”的角度捕捉到了三类现象，即加故事、加资本、加人。加故事，也就是加概念，只要有一个模糊的故事，就会引起资本的躁动；加资本，目前越来越多的传统企业，开始用资本去参股投资或者并购互联网企业，同时以百度公司、阿里巴巴集团、腾讯公司为代表的互联网公司，开始用资本投资 A 股传统线下的龙头公司；加人，越来越多的互联网公司开始招募或挖掘传统行业里面经营了很多年的实业型人才，加盟到他们的公司中去，同时越来越多的传统行业公司开始敞开怀抱，在资本嫁接的基础上迎来越来越多互联网方面的人才。

笔者认为刘晓丹女士所捕捉到的三类现象过于笼统，只能作为理念上的借鉴。很多人看后还有疑惑：互联网什么都能加吗？

笔者认为，目前适合“互联网 +”的传统企业至少应该具备以下三个特点中的一个。

1. 轻资产

轻资产企业的特点就是“虚”的内容多，如核心技术、品牌标准、金融服务、网络服务、中介服务、内容服务等，这类行业有信息传输业，软件和信息技术服务业，金融业，租赁和商务服务业，科学研究和技术服务业，教育业，文化、体育和娱乐业等。这些行业的企业资产越“轻”就越适合互联网的全盘改造。

2. 提供不受时空限制的商品或服务

这些商品或服务有可能是虚拟的，如新闻、音乐、学术论文、培训、金融服务、信息传输等，也有可能是经过对流程的优化和全链整合可以极大缩小时空限制的商品或服务，如电子商务业通过对物流业的改造，使实物商品到达用户手中的速度大幅加快，商品或服务的时空限制越来越小。

3. 业务流程中某些环节可以进行互联网改造

一些企业通过业务流程的改造，通过线上体验模式的创新，对传统的线下资源进行整合，实现互联网化，这些企业集中在生活消费领域。还有一些企业在产品设计和生产过程中依然采用传统模式，但对市场手段、销售渠道进行了互联网改造，通过互联网进行市场和销售运作，这种传统企业集中在制造业、物流运输业等。

二、“旅游 +”

科幻作家威廉·吉布森有一句名言：“未来已经来临，只是尚未流行。”我国正在迎来一个“旅游 +”的新时代。习近平总书记指出，旅游是综合性产业，是拉动经济发展的重要动力。李克强总理于 2015 年主持召开国务院常务会议时审议通过的《关于进一步促进旅游投资和消费的若干意见》表明，我们要以开明的态度、开放的思路、开拓的精神，积极推进“旅游 +”。那“旅游 +”到底是什么，又加什么呢?

（一）“旅游 +”概述

“旅游 +”是指充分发挥旅游业的拉动力、融合能力，以及催化、集成作用，为相关产业和领域发展提供旅游平台，插上“旅游翅膀”，形成新业态，提升其发展水平和综合价值。在此过程中，“旅游 +”也会有效地拓展旅游自身的发展空间，推进旅游转型升级。

“旅游 +”与“互联网 +”一样，具有“搭建平台、促进共享、提升价值”的功能。互联网以其无处不在的技术力量，通过“互联网 +”全面深刻地改变世界；而旅游业则以其强劲的市场开拓力、美好生活追求力及人文交流优势，通过“旅游 +”给世界带来深刻的影响。作为需求旺盛、潜力巨大的产业，“旅游 +”有以下四个鲜明特征。

1.“旅游 +”是需求拉动、市场推动的“+”

“旅游 +”以其巨大的市场力量和市场机制，为所“+”各方搭建巨大的供需对接平台。

2.“旅游 +”是创造价值、放大价值的“+”

“旅游 +”不是机械的“+”，不是简单的“1+1”，而是有机融合，会发生化学反应，产生“1+1>2”的效果。这种“+”的魅力就在于，能“+”出新的价值、新的惊喜。

3.“旅游 +”是以人为本、全民参与的“+”

“旅游 +”是一个可以广泛参与、广泛受益、广泛分享的“+”，而且，“+”的过程就是一个人力资本开发、创造力激发的过程。旅游是人本经济，“旅游 +”的核心是人的发展，实质是通过人来实现“+”，用“+”来服务于人。

4.“旅游 +”是可以充分拓展的“+”

旅游业无边界，“旅游 +”具有天然的开放性、动态性，“+”的对象、内容、方式都在不断拓展丰富、多种多样，“+”的速度越来越快。社会经济越进步发展，“旅游 +”就越丰富多彩。就此而论，“旅游 +”也是我国改革开放发展的重要成果和标志。

（二）“旅游 +”，加什么

旅游业是一个无边界的产业。“旅游 +”是多方位、多层次的，加的方式也多种多样。

1. 战略层面：旅游 + 国家重大战略

旅游业具有综合功能带动优势，可以有效对接、服务国家重大战略。

①旅游 +“五位一体建设”。第一，在经济建设中，旅游业是战略性的支柱产业，是稳增长、调结构、转方式的重要力量；第二，在政治建设中，红色旅游是推进社会主义核心价值观教育的重要载体；第三，在文化建设中，旅游业是文化传承保护、文化创意产业发展的市场载体和需求动力；第四，在社会建设中，旅游业是促就业、惠民生的重要领域，可以催生新的社会组织形态和生活方式；第五，在生态文明建设中，旅游业是转化生态价值，传播和分享生态文明的美丽产业，是资源节约、环境友好、生态共享的绿色产业。

②旅游 +“五大发展理念”。创新、协调、绿色、开放、共享的新发展理念，为推动我国旅游业取得更大发展提供了理论指引。

第一，创新发展方面，全域旅游是发展理念和发展模式的创新，也是旅游业转型升级的方向。发展全域旅游，就是要提升旅游业发展动力，拓展区域旅游发展空间，培育区域旅游增长极，构建旅游产业新体系，增加旅游市场新主体和消费新热点。

第二，协调发展方面，发展全域旅游有利于统筹实施供给侧结构性改革，促进供需协调发展；有利于推动区域特色化发展，促进景点与景区内外协调发展；有利于推进乡村旅游业提质增效，促进城乡协调发展；有利于完善产业配套要素，促进软硬件协调发展；有利于提升整体服务水平，促进规模质量协调发展。

第三，绿色发展方面，发展全域旅游能把生态和旅游业结合起来，把资源和产品对接起来，把保护和发展统一起来，将生态环境优势转化为旅游业发展优势，将绿水青山变成金山银山，创造更多的绿色财富和生态福利。

第四，开放发展方面，全域旅游更加注重拓展开放发展空间，打破地域分割、行政分割，突破各种制约，走全方位开放之路，形成开放发展的大格局。

第五，共享发展方面，实施全域旅游、促进城乡旅游互动和城乡发展一体化，不仅能带动广大乡村的基础设施投资，增加农业人口的福利，还能提升城市人口的生活质量，形成统一高效、平等有序的城乡旅游大市场。这是全面建成小康社会的重要内容和重要标志。

③旅游 + “五化发展战略”。第一，旅游 + 新型城镇化，有利于发展特色旅游城镇，发挥旅游业对新型城镇化的引领作用；第二，旅游 + 新型工业化，有利于发展旅游装备制造业，如户外用品、特色旅游商品等，发展工业旅游，创造企业文化建设和销售方式新形态；第三，旅游 + 农业现代化，发展乡村旅游业、休闲农业等现代农业新形态；第四，旅游 + 信息化，将旅游业培育为信息化最活跃的前沿产业，用信息化促进旅游业发展；第五，旅游 + 生态化，大力发展生态旅游业，推进旅游生态化。

2. 重点行业：旅游 + 新的生活方式

从人的需求出发，旅游可以加新的生活方式。

①旅游 + 研学（教育）。研学旅游或游学在中外都有悠久的历史。我国古代文人墨客给我们留下了大量的游学故事和作品，成为中华文化永放光芒的瑰宝。李白、杜甫等文豪的杰作，许多可谓游学之作。经过多年沉寂之后，游学近年来又悄然兴起。越来越多的学校和家庭认识到“读万卷书，行万里路”对青少年成长发展的重要性。许多学子感受到寓学于游的乐趣，研学旅游在国内蔚然成风，有的还走出国门。研学旅游成为许多青少年假期生活的重要内容。

为适应我国研学旅游发展的需求，文化和旅游部正在开展中国研学旅游目的地和研学旅游示范基地建设，为研学旅游提供高水平的场所，成立内地游学联盟，鼓励有条件的地区开展多种形式的研学旅游活动。下一步国家要健全研学旅游安全保障机制，提高研学旅游安全保障水平，推动国际研学旅游交流，会同有关部门规范和引导中小学生赴境外开展研学旅游活动，维护出境研学旅游秩序，保障青少年出境研学旅游的质量和权益。

②旅游＋交通（汽车、高铁）。目前，我国铁路运营总里程已突破11万公里，居世界第二位。其中高铁运营总里程超过1.5万公里，居世界第一位，基本形成了覆盖全国的高速铁路网。

我国游客选择自驾游出行的比例已超过70%，庞大的自驾游规模和日益兴起的房车旅游对营地建设产生了巨大的市场需求。高铁的开通、汽车保有量的增加、航空条件的改善，极大地便利了游客出行。

顺应“旅游＋交通”的时代需要，文化和旅游部着手编制全国自驾车房车营地建设规划和建设标准，促进自驾车房车营地建设，协调出台营地住宿登记、安全救援等方面的政策措施，鼓励有条件的地区建设一批自驾车房车营地，依托铁路网，开发旅游专列等铁路旅游产品，开发铁路沿线旅游产品。

③旅游＋休闲（度假）。目前，我国人均国内生产总值已超过7000美元，旅游需求进入爆发式增长阶段。为优化休假体验，更好地适应职工和居民休闲旅游需求，国务院办公厅出台了《关于进一步促进旅游投资和消费的若干意见》，提出要强化落实带薪休假，要求各地政府制定落实带薪休假的实施细则，鼓励错峰休假和弹性作息，这一系列政策受到社会广泛关注和民众普遍欢迎。

为了适应我国城乡居民旅游消费快速增长和转型升级的需求，文化和旅游部启动了国家旅游度假区创建工作，开展了中国国际特色旅游目的地创建活动。下一步国家将引导社会资本建设一批满足大众化、多样化、多层次休闲度假需求的国民度假地；支持景区和城市发展旅游演艺活动，丰富旅游者晚间休闲生活；支持引导社会资本开发温泉、滑雪、滨海、山地休闲度假产品，加快推动环城市休闲度假带建设，鼓励城市发展休闲街区、绿道、骑行公园、慢行系统，拓展城市休闲空间。

④旅游＋新型养老。老年旅游是新兴旅游市场，当前我国60岁以上的居民超过1.6亿人，随着我国人口老龄化的发展，老年旅游需求大幅上升，老年旅游消费潜力巨大。

针对当前老年人的旅游产品少，旅游服务不规范，异地医疗费用结算不便和商业保险不健全等问题，文化和旅游部将会同有关部门，研究制定并实施全国老年旅游发展纲要，规范老年旅游服务；鼓励开发多层次、多样化的老年旅游产品；加大对乡村旅游中养老旅游项目的支持力度，鼓励民间资本使用农民集体所有土地合作建设非营利性乡村养老机构；推动保险机构开发更多适合老年旅游需要的商业保险产品；进一步维护好老年人旅游的合法权益，解决老年人旅游的后顾之忧，激发老年人的出游热情。

⑤旅游＋健康养生。近年来，中医药健康旅游方兴未艾，正在成为旅游消

费新热点，特别对境外游客有很强的吸引力。

文化和旅游部与国家中医药管理局密切合作，共同开展中医药健康旅游试点城市和中医药健康旅游示范产品建设活动；鼓励有条件的地方建设一批中医药健康旅游产业示范园区，在业态创新、机制改革、集群发展方面先行先试；规范中医药健康旅游市场，完善标准，加强质量监管；推动中医药健康旅游国际交流合作，使中医药文化通过旅游走向世界。

⑥旅游 + 购物。旅游商品种类少、品质低、特色不够，一直是我国旅游业要素中的一个短板。目前，我国旅游业消费构成中旅游购物消费只占 24% 左右，远低于旅游业发达国家 40% ～ 70% 的比重。

为提升旅游购物水平，推进中国旅游商品特色化发展，增强市场吸引力，文化和旅游部举办了中国国际旅游商品博览会、中国旅游商品大奖赛等活动，并实施中国旅游商品品牌提升工程，加大旅游商品研发、创意支持力度。

下一步，国家将推进旅游商品与“大众创业、万众创新”结合，鼓励新型市场主体开发特色旅游商品；培育龙头旅游商品企业，加大对老字号商品、民族旅游商品的宣传力度，推出中国特色旅游商品系列；鼓励优质旅游商品进入主要口岸、机场、码头的购物区和城市大型商场、超市，支持旅游商品在线销售；配合相关部门适当增加口岸入境免税店，提升境内消费额。

3. 热点领域：旅游 + 重大领域突破

①旅游 + 互联网，利用信息化促进旅游业发展。互联网正在以人们始料未及的速度改变着旅游组织方式、市场经营模式以及游客的出游方式和消费方式。围绕推动“旅游 + 互联网”跨产业融合，国家旅游局出台了《关于促进智慧旅游发展的指导意见》，采用政府和社会资本合作模式建设国家智慧旅游公共服务平台，制定了景区电子门票管理标准，启动了旅游应急指挥平台建设。

②旅游 + 美丽乡村建设，开展旅游精准扶贫。我国乡村旅游资源丰富，市场空间广阔。乡村旅游扶贫是农村扶贫开发的重要渠道。为推动乡村旅游转型升级，发挥乡村旅游扶贫的积极作用，我们将开展“乡村旅游‘千千万万’品牌推介行动”。

③旅游 + “大众创业、万众创新”。习近平总书记多次强调要“开创人人皆可成才，人人尽其才的生动局面”。李克强总理指出“高手在民间，破茧可出蚕”。乡村旅游是“大众创业、万众创新”的重要领域，特别适合返乡农民工、大学毕业生和专业技术人员自主创业。

近年来，随着乡村旅游的快速发展，大批返乡农民工通过参与乡村旅游经营服务实现了发家致富；越来越多的大学毕业生和文化、艺术、科技等专业技术人员落户乡村，将自身的专业优势与乡村的资源优势、旅游的市场优势结合起来，开展创业活动，在全国范围内形成了一批乡村旅游创业基地。国家鼓励文化艺术界、科技界专业人员，发挥专业优势，在有条件的旅游地区进行创业，使乡村旅游地区成为“大众创业、万众创新”的活力之地。

④旅游＋外交，形成旅游外交。“国之交在于民相亲，民相亲在于心相通。”旅游作为增进民间交往，促进民众感情交流的重要载体，在国家外交中扮演着越来越重要的角色。

国内外实践表明，旅游外交具有很强的弹性，灵活多样，根植于民众。在双边关系良好时，旅游交往可以成为发展国家关系的加速器；在双边关系出现问题时，旅游交往可以成为改善国家关系的润滑剂；在双边尚无正式外交关系时，两国可以先行开展旅游交流，使民众交往成为国家关系正常化的导航器。

随着社会经济和旅游业的不断发展，“旅游＋”的内容会越来越多，各地“旅游＋”的内容也各有侧重、各有特色，需要因地制宜、因时制宜地选择“旅游＋”的优先领域，进行重点突破。

第二节　休闲旅游的兴起

一、高速路网

近年来，我国政府始终把发展交通运输业作为国家经济建设的重点之一。

“经济发展，交通先行”的理念已经深入旅游业发展的决策和政策的制定过程中，“要想富，先修路”也在民间广为流传。经过多年的重点建设和加快发展，我国交通运输业已取得了举世瞩目的成就，由公交、铁路、航空、水路以及特种旅游交通等现代化运输方式所组成的区域范围内乃至全国范围内的综合运输网络体系已初具规模。

互联网时代信息的互通，无疑将在很大程度上推动旅游业的发展。人们掌握的外部信息越多，就越渴望去体验其他地方的生活，而如今便捷的交通工具可以将旅游者迅速运送到全国任何旅游目的地。人们日益开放的心态也转变了固有的排外心理，促进了五十六个民族更平等地交流。

（一）高速铁路发展概况

2009年12月26日，武汉到广州之间的高速铁路（以下简称“高铁”）开通，运营里程1068.6公里，武汉至广州的运行时间由原来的10小时30分钟缩短至3小时以内；2014年6月首条高铁进入新疆维吾尔自治区，乌鲁木齐到兰州的时间由16小时缩短至9小时左右。2016年3月14日，中国国家铁路集团有限公司公布的全国铁路近十年最大规模调整图显示，除了京沪、京广、宁杭、贵广等高铁线路增开傍晚后时段的夜班动车100余对以外，还将增开60余条旅游专列运行线路，围绕满足红色旅游，老区旅游，边疆旅游，家庭旅游，休闲旅游，生态、森林、工业、体育等特色旅游需要，增开多趟前往旅游城市、景点的旅客列车。

2013—2015年，中国铁路建设特别是高速铁路建设加快推进：中国铁路固定资产投资分别达到6901亿元、8176亿元、8238亿元，3年总投资2.33万亿元；投产铁路新线路分别达到5027公里、8426公里、9531公里，3年共投产新线路2.3万公里；新增高速铁路营业里程分别达到1672公里、5428公里、3382公里，3年共投产高速铁路10482公里。至2015年年底，中国铁路营业里程超过12万公里，位居世界第二；“四纵四横”（四纵为京沪高速铁路、京港客运专线、京哈客运专线、杭福深客运专线，四横为沪汉蓉快速客运通道、徐兰客运专线、沪昆高速铁路、青太客运专线）高铁主骨架基本建成，投入运营的高速铁路超过1.9万公里，位居世界第一。一条条高速铁路建成投产，让祖国各地竞相进入高铁时代。

经济基础决定上层建筑。高铁带来高速，高速促进经济发展，人们的思想观念也必将随着经济的发展而变化。我们期待高铁给旅游产业新一轮的建设与发展带来更强大的动力和活力。

（二）高速公路发展概况

与此同时，国家高速路网形成了7条首都放射线、9条南北纵向线和18条东西横向线（简称“7918网”）组成的“放射线与纵横网格相结合”的规划布局，总规模约8.5万公里的高速公路连接全国所有的省会城市、目前城镇人口超过50万的大城市以及城镇人口超过20万的中等城市。实现东部地区平均30分钟上高速，中部地区平均1小时上高速，西部地区平均2小时上高速，充分考虑了为旅游提供快速通道的需要。

此外，国家电网宣布2016年我国将进一步加快推进国家公路快充网络和城市充电网络建设，在已经建成的京沪、京港澳、青银、沪蓉和宁沪杭环线，

“两纵两横一环”高速公路城际快充网络的基础之上，建设“七纵四横两网格”高速公路快速充电网络。“七纵”是指沈海、京沪、京台、大广、京港澳、二广、包茂高速，“四横”是指青银、连霍、沪蓉、沪昆高速等，“两网格”是指京津冀鲁网格和长三角网格。这无疑为长途自驾旅行提供了方便。

（三）交通体系的发展契机

交通方式决定旅游方式，这是旅游业发展过程中的重要规律。古代只能是“细雨骑驴入剑门”，常年车旅在外；高速公路和铁路则开创了工业时代的旅游格局，航空发展决定了越洋旅游的现代格局。而高速路网时代的来临，将会使中国旅游业发展格局建立在一个新的基础上，旅游的便利性将大为提升。

交通体系的完善，对旅游业发展产生了巨大的促进作用。2016 年清明节 3 天假期的旅游统计数据显示，高铁沿线地区成为清明小长假旅游市场的新亮点。例如，贵州黄果树瀑布、西江千户苗寨、婺源油菜花和桂林山水等景区，在清明节期间正迎来游览的好时期，独特的自然景观对游客有着较大吸引力。而高铁线路在这些地方覆盖后，交通的便利明显带动了游客量的增加。

同时，旅游也会大幅度提高高速线路的利用率，2015 年国庆节期间中国出游人数 7.5 亿人次，铁路运输出现井喷式增长，高速线路也多路段堵不堪言。由此可见，旅游的发展也带来了公共交通部门收入的阶段性井喷式增长。

对于旅游的交通建设而言，除了要关注速度，还要想办法增加旅途的景观观赏性。例如，古镇旅游发展的需求，会开创另一个交通格局，古街古巷不只是单纯的交通道路，而且是生态路、文化路、旅游路、交通路的四路合一。

另外，“速旅缓游”已经成为旅游市场的客观需求，速缓相接，减少路上所耗费的时间，增加在目的地体验游玩的时间，这也就减少了刚性时间的浪费，意味着游客体验的升级和旅游效率的提升，最终意味着旅游业与交通运输业发展实现双赢。

二、全民旅游休闲

谢彦君将旅游定义为“个人以前往异地寻求审美和愉悦为主要目的而度过的一种具有社会、休闲和消费属性的短暂经历”，从中可以清楚地看出休闲对旅游发展的重要性，休闲是旅游的前提要素。

（一）政策环境

从休假制度设计来看，近几十年来，国内法定假日经过 3 次调整，已形成

40多个双休日加两个黄金周，再加3个小长假的总体格局，全年约有115个假日，为休闲与旅游提供了市场基础。此外，2015年8月国务院办公厅印发的第62号文件又提出探索实施2.5天休假模式，这一举措为旅游休闲产业提供了新的发展机遇。

1. 带薪休假制度

具体来讲，国务院2013年2月2日正式对外颁布的《国民旅游休闲纲要（2013—2020年）》，标志着由国家主导的国民休闲开始启动，中国即将跨入国民休闲时代。该纲要分别从保障旅游休闲时间、改善旅游休闲环境、推进旅游休闲基础设施建设、加强旅游休闲产品开发与活动组织、完善旅游休闲公共服务、提升旅游休闲服务质量六个方面提出了一系列任务和措施，这无疑为旅游休闲产业的发展创造了千载难逢的条件和机遇，也为旅游业腾飞提供了政策支持。

该纲要为旅游开发带来了新机遇。该纲要提出，各级财政要逐步增加旅游休闲公共服务设施建设的资金投入，将旅游休闲设施的建设纳入城市建设和地方发展规划。这意味着，政府对旅游休闲产业属性的认识将向公共服务性质方向转化，并谋求在发展规划中予以保障和支持，这将带动地方政府对休闲设施基础建设的投入。

该纲要为旅游开发增加了新动力。带薪休假制度的逐步落实，将会使市民选择错峰出行，让52个周末游变成365天旅游日，让旅游真正成为日常生活不可或缺的组成部分，全民休闲将会使旅游业带来新一轮的增长。

2. 2.5天休假方式

2015年8月，国务院办公厅印发的《关于进一步促进旅游投资和消费的若干意见》明确指出要优化休假安排，激发旅游消费需求。其中，第二十一条提到，落实职工带薪休假制度。各级人民政府要把落实职工带薪休假制度纳入议事日程，制订带薪休假制度实施细则或实施计划，并抓好落实。第二十三条提到，鼓励弹性作息。有条件的地方和单位可根据实际情况，依法优化调整夏季作息安排，为职工周五下午与周末结合外出休闲度假创造有利条件。

国务院发文促进旅游消费，鼓励2.5天休假方式，这意味着全民休闲度假时代的来临。这样的休假方式，在促进旅游消费的同时也促进了短途旅游市场的形成，催生了休闲度假的市场需求。城市中生活的人们在工作之余到城市周边的郊区、乡村去呼吸新鲜空气、享受郊外生活，或者去异域体验不一样的生活，已经成为城市生活中不可分割的一部分。

3.《2015 世界休闲高峰论坛青岛宣言》

为了更好地推动休闲产业健康发展，2015 世界休闲高峰论坛在青岛莱西一致通过如下宣言。

①保障休闲权利，加强休闲教育。加强休闲教育，引导人们树立正确的休闲观，倡导健康科学的休闲方式。以学校、机构和社区相结合的方式，创新人才培养模式，提高休闲教育质量，进行休闲技能培训，丰富人们的休闲选择，改善人们的休闲体验，满足人们日益增长的休闲消费需求。

②推动产业融合，创新休闲供给。积极推动休闲产业与其他产业的融合，大力发展休闲农业、休闲工业和休闲商业，创新建设文化休闲、体育休闲、海洋休闲、山地休闲、养生休闲等多元化的休闲产品。积极利用大数据、云服务的发展，构建“休闲+”的产业发展体系。围绕需求链、形成服务链、培育产业链、扩大产业面、壮大产业群，全面推动休闲产业群的形成。

③完善休闲设施，提升休闲环境。完善城乡休闲产业专项规划，加强各类休闲区建设，拓展都市休闲、乡村休闲发展空间。支持汽车旅馆、自驾车房车营地、邮轮游艇码头等旅游休闲基础设施建设，加强公园绿地、绿道等公共休闲场所保护，完善城乡公共休闲设施，推进休闲服务信息共享，全面提升城乡休闲环境。

④倡导休闲运动，发展体育休闲。构建一批休闲运动基地，依托海洋、海岸和海岛，积极发展海洋休闲运动；依托山地和丘陵，积极发展山地休闲运动；依托内陆河湖，积极发展水上休闲运动；抓住低空开放机遇，大力发展低空休闲运动。构建体育场馆、学校、培训基地、社区和乡村活动中心等多元化多层次的休闲运动场所体系，促进全民休闲体育运动的发展。

⑤制定休闲标准，强化休闲服务。突出休闲标准的引导作用，以标准指导产业发展，以标准引领产业进步。构建保障休闲活动安全、秩序和质量的监管体系，加强跨行业、跨地区、多渠道的沟通和协调，完善国民休闲质量保障体系。推行休闲礼仪培训，制定具有地域特色的休闲服务标准，树立休闲服务品牌形象，形成休闲服务的软实力。

⑥促进区域合作，共享休闲成果。加强休闲教育、休闲文化、休闲产业等领域多方面、多层次的区际交流和国际交流，加强区域之间的政府间和民间的合作交流，鼓励投资建设休闲设施的资金双向或多向流动，通过市场共建、客源共享、交互宣传等多种方式，促进区域之间的合作，共同做大、做强休闲市场，分享休闲发展的经验，共享休闲发展的成果。

《2015世界休闲高峰论坛青岛宣言》表明休闲已经成为经济发展、社会进步和文化繁荣的重要内容，成为地区经济硬实力、生态软实力和文化软实力的重要象征，成为人本化、和谐化、国际化的重要体现。

（二）休闲时代到来

1. 中国国民收入稳步提升

国家统计局2015年2月26日发布的《2014年国民经济和社会发展统计公报》显示，城乡居民收入继续增加。全年全国居民人均可支配收入20167元，比2013年增长10.1%，扣除价格因素，实际增长8.0%。按常住地分，城镇居民人均可支配收入28844元，比2013年增长9.0%，扣除价格因素，实际增长6.8%；城镇居民人均可支配收入中位数为26635元，增长10.3%。农村居民人均可支配收入10489元，比2013年增长11.2%，扣除价格因素，实际增长9.2%；农村居民人均可支配收入中位数为9497元，增长12.7%。按常住地分，城镇居民人均消费支出19968元，增长8.0%，农村居民人均消费支出8383元，增长12.0%。国民收入稳步增长为我国休闲大发展奠定了良好基础。按照综合测算，2014年中国休闲产业规模约为3.6万亿元，相当于社会消费品零售总额的13.8%，相当于国内生产总值的5.7%。2015年，我国休闲产业规模突破4万亿元。

《国民旅游休闲发展研究报告》显示，76.2%的受访者认为休闲是基本权利，是缓解压力、生活幸福的重要内容，休闲消费和休闲时间增长明显，73%的人认为旅游休闲是最心仪的休闲方式，旅游休闲消费占整体休闲消费的64.8%，未来旅游休闲消费将成为国民重要的消费方式。

2. 人均国内生产总值超过5000美元

2014年，我国人均国内生产总值达到7589美元（按照国际货币基金组织数据），已步入工业化后期起步阶段。其中，北京、天津、上海、江苏、浙江、广东、福建、内蒙古八省区市人均国内生产总值业已突破1万美元，基本上进入后工业化时代。这一阶段显著特点是，消费沿着衣、食、住、行以及非物质消费的方向升级，这无疑成为我国社会休闲发展的基础。

3. 城镇化率超过50%

2011年，中国城镇化率首次突破50%。2014年，中国城镇化率达到54.77%。这意味着生活方式和价值观念的巨大转变，休闲也因此而进入中国公民的主流价值观，进而衍生出新的生活方式和生活需求。

4. 服务业占国内生产总值比重超过工业

2013年，中国服务业增加值占国内生产总值比重首次超过工业。2014年，这一比重达到48.2%，高出第二产业5.6个百分点，标志着中国服务经济社会的到来。

（三）休闲市场发展趋势

从一般的消费发展阶段看，在只求温饱的时期，主要解决吃、穿、用的问题。在进入小康社会后，就要形成新的住、行、游概念，住是房地产市场的培育，行是交通体系的完善，如果把游加进去，则是旅游发展的根本定位，意味着旅游也应该成为小康生活的基本要素，是小康社会的基本目标之一。

正如塔利布·里法伊所说："旅游对人们来说已是生活的一部分，是生活的一种权利，不可剥夺。"随着休闲消费普遍化，旅游不仅表现在人们对文、体、美精神消费的追求上，也表现在多、新、奇个性化消费的需求上。因此，休闲是我国旅游产业转型升级和发展的必然选择。

现阶段部分地区和城市已达到全民休闲的水平。这些地区和城市的休闲市场呈现出以下特点：一是大众化；二是家庭化；三是更加倾向于知识需求和体验需求。

随着休闲时代的迅速发展，供需矛盾日益凸显：休闲旅游产品供不应求、基础设施投入不足、保障措施未能到位、潜在休闲需求难以转化成现实的旅游消费等。如何顺势而为地引领休闲消费，是摆在国内休闲产业面前的一个重要问题。

1. 要做精、做细，不要做大、做强

中国旅游协会休闲度假分会秘书长魏小安认为，休闲产业包罗万象，涉及不同的行业和领域，只要是和休闲行为、休闲消费有关的都是休闲产业，因此，休闲产业严格来说是一个体系，或者说是一个领域，可划分为休闲基础产业、休闲延伸产业、休闲支撑产业，需要进行梳理和整合。结构性问题是休闲产业或领域最大的问题。

①结构性过剩和结构性短缺同时存在。国内休闲度假产品不足，海外度假盛行，东南亚地区已成为国人的主要度假地。而国内真正能用来度假的海滨不超过10处，这就意味着在全世界来说是主体度假模式中的滨海休闲度假模式，在国内供应不足。除了滨海度假以外，山地度假也刚开始发展，乡村度假普遍化，城市度假正在探索，温泉、文化休闲等逐步跟进，但国内休闲度假区仍供不应求。

②国内城市休闲空间严重不足，城市化发展过程中缺乏休闲概念，高楼大厦占据了休闲空间，这个问题在短期内尚无法调整，也成为国内乡村休闲旅游发展的内因之一。提到发展休闲产业，基本的思路是顶层设计—总体规划—实施，但这个发展路径忽视了市场的自发力量。休闲产业并不是要做大、做强，大不等于强，休闲的追求是做精、做细。此外，交通堵塞问题、排浪式消费也影响了休闲产业的发展，同时让休闲产品供求不平衡现象进一步突出。

2. 无创意，不休闲

欧洲人的休闲生活多姿多彩，假日多是重要原因，每年除双休日外还有带薪休假，加上法定节假日总共超过150天。海滩是欧洲人假日生活的首选，不论是春夏秋冬，只要有太阳他们都要驾车去海边享受阳光。自行车也是欧洲人的挚爱，健身、出游、交通都很便利。欧洲人的夜生活通常在剧院、酒吧、咖啡厅度过，形成了浓厚的音乐文化、戏剧文化、酒文化和咖啡文化，这种文化不仅优化了欧洲人的生活方式，也改变了他们对生活的态度。

休闲产业的发展本质上就是“好玩”“玩好”，把一系列的“玩”做起来。休闲发展无约束，创意为王。契合人性，才有文化性，自然就有商业性。这就要求我们下一步的休闲发展要把创意元素提到更高的程度，甚至可以说“无创意，不休闲”，即无创意不做休闲。

第三节　旅游外交与供给侧改革

一、旅游外交

一谈到埃及，人们便会想到金字塔；一谈到中国，人们便会想到故宫、万里长城。正是这些有形或无形的建筑或文化，在给世人带来强烈视觉冲击的同时，彰显了国家悠久的历史文明，也正是这些文化遗产所承载的精神，具有穿越时空与地域的魅力，让人们蜂拥而至。这种“润物细无声”式的民间交流正是一种创新性的外交理念，“国之交在于民相亲，民相亲在于心相通”。旅游作为增进民间交往，促进民众感情交流的重要载体，在国际关系中发挥着重要的作用。

（一）旅游外交的发展概况

国家间要相互交流以促进彼此的发展，就必须有外交。从延续千年的东亚朝贡到1944年的布雷顿森林会议，又到现代社会的各种政府间国际经济会议和谈判，再到近年来中国与俄罗斯、印度、韩国、美国竞相举办旅游年的活动，国际通行的外交方式开始变得更有弹性、更加灵活、更加根植于民众。

旅游业对外活动日益频繁，极大地丰富了旅游业的外交内涵，旅游业在国家对外事务中的分量与日俱增。旅游业发展成为双边关系的重要内容，并在国际或区域合作领域发挥重要作用。正是基于此，“旅游外交”成为近年来外交场合的热门词汇。

从《中国旅游统计年鉴》收录的大事看，2000年前后，中国旅游对外交往活动逐年增多，而且政府性的旅游对外活动分量越来越大，主动性也越来越强。上至国家下至各个省（市、区），每年要举办数以百计的旅游对外活动，而且这一数量呈迅速增长的趋势，影响范围也越来越大，几乎遍及世界各地。

更为明显的是，中国国家领导人越来越多地利用旅游对外场合，呼应官方外交工作的顺利开展，已经成为我国重大旅游对外交往的惯例。

旅游业成为重要外交文件的主要内容从本届政府开始越发成为主流。习近平总书记历来重视旅游在外交中的基础性作用，在2013年3月22日俄罗斯“中国旅游年”开幕式上，习近平总书记就提出，旅游是传播文明、交流文化、增进友谊的桥梁，是人民生活水平提高的一个重要指标，旅游是增强人们亲近感的最好方式。2015年伊始，习近平总书记就为在首尔举办的“中国旅游年”开幕式发去贺信，寄语两国旅游部门，“以此为契机，全面扩大旅游合作和文化互鉴，促进双边关系发展”。在2015年5月23日的中日友好交流大会上，面对日本3000人组成的旅游交流团，习近平总书记指出了“旅游”这一民间交流之于外交的重要性，“中日友好的根基在民间，中日关系前途掌握在两国人民手里。越是两国关系发展不顺利时，越需要两国各界人士积极作为，越需要双方加强民间交流，为两国关系改善发展创造条件和环境”。习近平总书记强调，“高度重视中美人文交流，亲戚越走越近，朋友越走越亲。各省州应该在教育、旅游、体育、青年等广泛领域开展交流合作”。

种种迹象表明，旅游已经从外交边缘走向外交前沿。旅游合作是双边或多边经贸合作和人文交流最活跃、最具潜力的领域，正在成为构建新型大国关系的重要内容和桥梁窗口。加强大国之间的人文交流，有利于拓展双边关系的社会基础。构建新型大国关系，打破大国冲突对抗的传统规律，开创大国关系发展新模式的政治担当，根基在民众。

旅游不仅促进了国民之间的沟通，而且有力地刺激了经济发展，增加了就业。据有关资料显示，韩国每年接待的中国游客占到入境游客近50%，在韩国的外国人信用卡消费总额中，中国人的信用卡消费占到56%。2014年，中国大陆赴日游客约241万人次，人均消费23万日元，居各国游客之首。截至2015年11月底，中国访美游客总人数超过200万人次，对美经济贡献267亿美元，为美增加近10万个工作机会。目前中国是美国的第二大入境消费国，中美之间的旅游项目、旅游服务贸易已经占到美国向中国出口服务贸易总额的56%。未来，中国赴美游客如果按10%的年均增长率计算，从2014年到2020年，其间总量就可能超过2000万人次。世界最大的两个经济体、最主要的旅游目的地和客源地正在形成全球最繁华的双向旅游市场。

据国家旅游局的统计数据显示：国内旅游从1984年约2亿人次增长到2014年的36亿人次，增长了17倍；出境旅游从1988年泰国成为我国出境旅游的第一个目的地国家，到2014年中国拥有151个出境旅游目的地，出境旅游突破1亿人次，完成了跨越式的增长。联合国世界旅游组织2015年4月发布的报告显示：2014年世界上最大的出境旅游消费国是中国，出境旅游消费额增加28%，总额达到1650亿美元。

国际的旅游交流直接带动交通、贸易、金融等多个经济领域发展，这是中国的新型外交模式的开始。举办各种旅游年，以旅游方式、以世界人民听得懂且喜欢的语言和方式来讲述新型大国关系的故事，是这个古老的国家让世人对其形成准确认知的方式。

（二）旅游外交的发展机遇

1. 促进“一带一路”沿线与边境地区旅游业发展

“一带一路”倡议的提出，将极大改善深处内陆的丝绸之路沿线的中国中西部地区的交通条件，极大地促进东部主要旅游客源进入中西部旅游资源集中的目的地，同时也将显著促进周边国家与中国边境省份的边境旅游业发展。

2. 简化民间往来的签证手续，极大促进出入境旅游

旅游合作国签署合作备忘录，简化民间往来的签证手续，将极大促进入境旅游和出境旅游，对于连年停滞不前甚至略有下降的入境旅游能起到力挽狂澜的作用。而蓬勃发展的出境旅游则将以更快的速度狂飙突进，增加了更多具有异域风情的旅游目的地国家和旅游产品。

3. 加快国际旅游点的建设

旅游人数的激增和与国外高水平旅游景点的竞争，促使国内着力进行国际旅游点的建设。如海南省，作为中国最热门的海滨度假岛，除了现有的旅游城市和旅游产品外，仍然欠缺度假旅游产品，与世界知名的海岛旅游目的地相比仍有较大差距。海南省应当抓住“一带一路”的建设机遇，继续打通入岛陆海空大通道，重点打造海洋旅游、购物旅游、主题公园旅游、养生旅游、生态旅游等旅游产品，努力恢复并完善入境市场，建设配套基础设施、服务设施和教育设施，并提升旅游教育水平，为旅游业提供专业的人才。

二、供给侧改革

徜徉在一条富有地域特色的老街上，回味你我的过往；驻足在一部反映历史文化的影视作品前，品读城市的厚重感；置身于热情周到的服务之中，慢慢去领略、体验、享受。这种令人心动的旅游新体验，将在未来旅游产业的供给侧改革中得以实现。

（一）供给侧改革的背景与实质

自人类诞生的那一天起，需求就成为整个人类生存和发展最直接和最根本的动因，人类的一切生产活动皆为了满足需求而产生。为满足各类需求，人类通过社会分工的形式，形成了不同的产业部门，建立起了对应不同需求的供给体系。在漫长的前工业社会，由于生产力水平较低，人类几乎一直在为满足基本生存需求而苦苦挣扎。工业革命以后，随着科学技术水平的发展和生产管理水平的提升，生产效率飞速提高，极大地满足了人们的物质需求。但是资本主义生产方式固有的矛盾，导致了1929—1933年的经济危机，出现了需求与供给不匹配的现象。面对这种形势，凯恩斯主义者从需求管理入手，试图通过改革财政政策、货币政策的手段影响总需求，实现供求均衡的目标。“二战”后，这一理论在世界上许多国家付诸实践。然而，人们对这套需求管理理论的质疑从未停止。20世纪80年代兴起于美国的供给学派，强烈反对凯恩斯主义理念指导下的政府干预经济方式，主张通过减税的措施降低企业成本，从而扩大生产和供给规模，以社会总供给带动社会总需求，实现供求均衡。

所谓供给侧管理和需求侧管理，实质上是政府面对经济失衡状态时的一种有意识、有目的的经济调整行为。这种调整若能取得成功，也是建立在一定假设前提的基础上的。在凯恩斯主义拥护者看来，通过政策调整增加总需求，总供给能随之增加并实现均衡。如政府财政支出增加2000亿元，总需求侧增加了 2000 亿元，供给侧也会相应有 2000 亿元的增长，那么经济体就会实现 2000 亿元的增量。而在供给学派看来，假设社会总供给增加，便能自动创造需求，实现供求均衡。

但是在一个相当长的时间里，仅仅侧重对于某一侧的调整，其效力会随着时间推移有下降趋势，并且负面效应开始显现。长期以来，中国政府在国民经济管理上，大致采用的是需求侧管理方式，围绕消费、投资、出口“三驾马车”调整经济运行。从 20 世纪 80 年代开始，中国借助低廉的劳动力成本的优势，大力发展出口贸易；90 年代东南亚金融危机以后，开始实施以扩大内需为核心的消费需求调整政策。在很多时候，由于消费需求不足，国家以投资需求拉动经济增长。这些政策在当时的时代背景下，都发挥了非常积极的作用。但在这个过程中，负面效应逐渐显现，并积累了一些矛盾。

第一，以制造业为核心的供给主体难以满足未来社会的需求。应该说，改革开放以来制造业的发展，使中国人摆脱了物质层面的匮乏，对于满足人民的需求具有重要意义。但是，随着人们物质拥有程度的提高，物质产品的边际效用开始下降，食品、服装、家用电器、小汽车、电子产品等物质性供给在越来越多的家庭得到普及，拥有物质产品的幸福感越来越低。可以预见，未来的需求将上升为以文化和精神等非物质产品为主，而目前相应的产业供给还远远不足。

第二，由于地方国内生产总值主义的驱动，一些行业不可避免地出现了产能过剩，主要包括钢铁、煤炭、石油化工、电解铝等。这些产业需要“去产能”，在这个过程中，供给规模缩小，劳动力退出。

第三，持续多年的固定资产投资需求，使相当大一部分投资流向了房地产行业，导致了全国范围内的房地产存量超出居民实际需求，需要“去库存”。

第四，在产业发展过程中，地方政府和银行采用了大量的金融杠杆，导致了相当一部分省份的债务危机，金融机构风险也开始加大，需要通过“去杠杆”予以调整。

（二）供给侧改革的发展概况

在中国的宏观调控实践中，其实一直倾向于总需求管理。但近几年，在中国官方会议上很多场合都在讨论供给与需求问题，顶层设计层面也在思考实际上应该侧重于供给侧政策。在这种背景下，2015 年年底，中国政府提出了供给侧改革。2015 年 12 月的中央经济工作会议，强调今后一个时期，要在适度扩大总需求的同时，着力加强供给侧结构性改革，主要是抓好去产能、去库存、去杠杆、降成本、补短板五大任务，即化解产能过剩、降低企业成本、化解房地产库存、扩大有效供给、防范化解金融风险。

供给侧改革具体是指从提高供给质量出发，用改革的办法推进结构调整，矫正要素配置扭曲，扩大有效供给，提高供给结构对需求变化的适应性和灵活性，提高全要素生产率，更好地满足广大人民群众的需要，促进社会经济持续健康发展。其根本目的是提高社会生产力水平，落实好以人民为中心的发展思想。

在中国人民银行原行长周小川看来，在有效市场假设下，结构性问题特别是实物供给和需求产生的结构性问题，反映的就是价格问题。结构调整需要价格信号提供激励，没有激励的结构调整也是很困难的。例外是市场失效的环节。由于中国是从传统的中央计划经济过渡到市场经济的，思维上比较倾向于较多看到市场无效或者失效的环节，但某些重要产品由政府主导定价，也不见得比市场定价做得更好。如成品油的定价，不过就是国际市场价格加一个过滤器，延迟 20 天左右过滤掉高频波动成分，最后还是跟随国际市场价格变动。供给侧结构性改革的重要内容，就是把当前存在的很多价格扭曲消化掉、改革掉。

（三）供给侧改革的发展机遇

供给侧改革是未来一段时间内国家宏观经济层面的战略举措。在这个战略框架下，一些产业由于迎合了当前社会需求发展变化的趋势，将在供给侧改革进程中发挥重要的作用。笔者认为，以旅游、休闲、娱乐为核心的生活服务产业，将扮演重要的角色。

供给侧改革有两个目标：一是增加社会总供给；二是调整社会供给结构。而实现供给结构调整，主要通过产品供给的调整，提高精神和文化产品在供给结构中的比重，实现制造业向服务业转型。旅游业在此次结构调整中必将占据很重要的位置。

其一，从人类需求的发展变化趋势来看，在物质需求得到满足以后，对服务和精神产品以及知识产品的需求开始上升。相对于物质产品需求的有限性，人类对服务和精神产品的需求是无限的。可以预见，未来有关精神和服务产品的产业部门将迅速扩大。而有关精神和服务产品的产业中，最具有成长前景的，是旅游、休闲、娱乐等几大产业，尤其是旅游业。随着现代交通条件的改善和通信技术的发展，地球变得越来越小，人们的空间移动日益频繁。除了在常住地的定居生活以外，非常住地的旅游生活会成为人们重要的生活方式。2015 年，我国有超过 40 亿人次的国内旅游，相当于全国人均出游 3 次。旅游业对全国国内生产总值的综合贡献占其总量的10.8%，旅游业的就业人口占全国就业总人口的10.2%。旅游业的发展不仅是经济现象，更是社会现象；旅游不仅是一种生活方式，更是人们的一种基本权利。基于此，有观点认为，中国已经站在“旅游社会”的大门口。因此，在中国的供给侧调整进程中，以制造业为主的供给部门比重将逐渐下降，而以旅游、休闲、娱乐为主的产业供给必然上升。增加旅游等产业的供给，事实上是中国经济供给侧补短板的一种方式。

其二，在现阶段“去产能”“去库存”的实际工作中，旅游业能发挥其他产业难以替代的作用。在制造业和能源产业“去产能”的过程中，必然伴随着相当一部分产业工人的离岗、分流。这部分人未来的就业出路不可能全部回到制造业，其中大部分人将进入第三产业，由产业工人转变为第三产业的服务者，而承接制造业劳动力转移的最佳产业，非旅游、休闲、娱乐产业莫属。这些产业具有劳动密集型的特点，对就业具有显著的拉动效应，可以承接相当一部分由制造业转移出来的劳动力。旅游业还可以在房地产业“去库存”的调整中发挥积极作用。在一些旅游度假城市，可以将库存已久无法销售的住宅改造为分时度假产品，满足度假旅游者的需求；在一些城市旅游目的地，可以将库存住宅改造为公寓式酒店，从而缓解当地房地产库存积压的状况。

（四）旅游供给

旅游业的供给改革是在旅游业领域内，按照国家供给侧改革的理念，调整旅游供给的总量和结构，从而更好地满足国民旅游需求的过程。其包含几个方面的内容：增加旅游供给总量，提高旅游供给质量，调整旅游供给结构，补充公共旅游供给短板。

1. 增加旅游供给总量

供给侧改革为旅游业注入的是一池活水，将激活产业发展内生动力。全国各地正在积极探索如何扩大产品供给。相对于重工业的产能过剩而言，旅游业呈现的是产品的供给不足。为进一步丰富旅游业态，各地将重点开发温泉、养老、休闲、养生以及乡村旅游等一批新兴旅游项目。

2. 提高旅游供给质量

提高旅游供给质量，包括三个层面。第一，改善国内旅游市场环境，提高旅游服务质量。近几年，国内旅游市场中，团队旅游的导游和游客矛盾尖锐，冲突时有发生；散客旅游也充斥着“坑蒙拐骗”现象，类似于“青岛天价大虾”“哈尔滨天价鱼”等事件层出不穷。相当一部分游客“用脚投票”，转向国外市场。

出现这种情况，说明中国旅游产品供给质量亟须改善。第二，提高旅游产品供给的科技水平。这表现在旅游业内部应用互联网、高科技的规模和深度需进一步提升，改善游客的旅游体验。第三，旅游基础设施的不断完善，游客满意度的提高，这些都是提升旅游质量的重要支撑。

3. 调整旅游供给结构

旅游业具有拉动最终消费、促进经济发展的客观作用，因此被一些地方政府寄予了过高的经济期望。旅游规划者为了迎合这一期望，在旅游开发和策划中不恰当地向高端市场倾斜，忽视中低端旅游者的诉求。在全国相当多的地区，旅游业普遍偏向高端旅游产品，如星级酒店、温泉产品、高端会展产品等。这种策划和决策导致高端旅游产品供给过剩，而庞大的中低端大众旅游者，却缺乏满意的旅游产品和设施。

4. 补充公共旅游供给短板

旅游供给分为私人旅游供给和公共旅游供给。私人旅游供给由企业根据市场需求提供，是私人产品；公共旅游供给主要由各级政府提供，是一种公共产品。之前地方政府治理的理念，主要围绕户籍人口和常住人口提供相应的公共产品，如城市公共交通、基础设施等，在旅游目的地接待强度不大的情况下，矛盾尚不突出。但是随着旅游者出游率的提高，中国许多地区旅游接待强度持续增加，许多地区的旅游者总量远远超过常住人口，地方政府按照常住人口数量提供公共设施和产品，显然无法满足旅游者的需要。这需要政府治理理念和思维方式发生根本转变，要认识到一个地区、一个城市，不仅仅是当地居民的城市，也是外来旅游者的城市，外来旅游者应享有相应的资源和设施占用权利。这要求城市在进行各类资源设施供给时，必须把旅游者的需求放在和当地居民同等重要的地位进行考虑，如城市基础设施建设等。

大众旅游时代已悄然而至，不难预见，未来旅游产业将异军突起，扮演着优化和调整产业结构的重要角色，成为拉动地区经济发展的强大引擎。为适应和引领经济发展新常态，加快转变旅游发展方式，各地政府都将着力推进旅游供给侧改革，增加旅游产品供给，提升旅游服务质量，扩大旅游消费市场，促进旅游业持续快速健康发展，为经济稳增长、调结构提供持久动力。

第四节　新常态与低碳低耗

一、新常态

我们的幸福可以归于平凡，我们的生活可以归于平淡，我们的发展速度也终会趋于平稳。新常态的提出是人类发展需求使然，我们所处的大环境变了，这种变化像空气、水一样，要求我们平稳一点、细腻一点，由常态到新常态。旅游业如果能在这种大环境下，保持平稳的心态去创新，定能事半功倍。

（一）新常态的基本解释

所谓常态，就是正常状态；新常态，就是经过一段不正常状态后重新恢复正常状态。人类社会就是在常态到非常态再到新常态的否定之否定中获得发展的，人类对社会的认识就是从常态到非常态再到新常态的否定之否定中提升的。贯穿在常态—非常态—新常态中的主线，是事物的本质与规律。人类总是经历事物的正反面发展、总结正反面经验，经过感性—知性—理性、具体—抽象—具体的否定之否定后，才对事物有一个完整的认识，才能认识事物的规律与本质。经济新常态，就是人类经济发展肯定—否定—否定之否定波浪式前进的成果；经济学新常态，就是人类经济认识肯定—否定—否定之否定螺旋式上升的结晶。

新常态经济是经济学范式转换、经济发展模式转轨、经济增长方式转变，新常态经济是与国内生产总值导向的旧经济形态与经济发展模式不同的新的经济形态与经济发展模式。新常态经济用发展促进增长，用社会全面发展扬弃国内生产总值增长，用价值机制取代价格机制作为市场的核心机制，把改革开放的目标定位于可持续发展的社会主义市场经济。新常态经济就是社会主义市场经济，新常态经济学就是社会主义市场经济学。以新常态经济为经济形态的社会主义市场经济、以新常态经济学为理论形态的社会主义市场经济学，是中国社会主义理论与实践发展的必然结果，是中国社会发展的自然历史过程。新常态是一种趋势，是不可逆的发展状态。

2014 年 5 月，习近平总书记在考察河南的行程中，首次提及“新常态”。他说，中国发展仍处于重要战略机遇期，我们要增强信心，从当前中国经济发展的阶段性特征出发，适应新常态，保持战略上的平常心态。2015 年 7 月在吉林调研时，习近平强调，适应和把握我国经济发展进入新常态的趋势性特征，保持战略定力，增强发展自信，坚持变中求新、变中求进、变中突破……

以发展的眼光来看，事物是常新常变的，中国经济也不例外。面对新常态下的中国经济，一方面求“定”，保持平常心和战略定力，以不变应万变，这是一种自信；另一方面求“变”，在变化中寻求创新、进步和突破，以万变应万变，这是一种智慧。

求“定”，是因为认识到新常态“是我国经济发展阶段性特征的必然反映，是不以人的意志为转移的”，是“一个客观状态”和“一种内在必然性”，所以我们要适应新常态。求“变”，是因为“在新常态下，我国发展的环境、条件、任务、要求等都发生了新的变化”，所以“我们要因势而谋、因势而动、因势而进”。

（二）新常态的发展机遇

从国内社会经济环境来说，我国社会经济的新常态，主要表现在两个方面。

1. 产业发展进入了新常态

尽管我国仍然处于工业化发展阶段，但工业占国内生产总值（GDP）比重的峰值已经出现。20 世纪 80 年代以来，我国工业在 GDP 中的占比逐步提高，2006 年达到 42.2% 的高峰。金融危机爆发后，在外部冲击与内部要素结构转变的双重作用下，工业比重持续下降，2013 年以来第三产业比重超过第二产业，这意味着我国正在由工业主导型向服务业主导型转变。

要实现我国经济战略转型、产业结构优化升级、发展方式转变等目标，服务业是关键，是突破口。大力发展服务经济，实现经济跨越式转型，是当前我国的战略选择。经济全球化和国际产业重新布局的新趋势，将提供给中国一个全面提升现代服务业的机会。增强国际竞争力，以及提升在世界经济分工中的地位，会成为中国进入后工业化时代所面临的重要挑战。

旅游业作为我国现代服务业的重要组成部分，作为投资、消费和出口的重要领域，它的快速发展与崛起对构建我国现代服务经济体系具有重要的意义。

2. 需求发展进入了新常态

伴随人口结构的变化，储蓄率将逐步回落，投资增速将放缓，出口需求有所减少。我国需求结构将由原来的投资、出口拉动转为消费、投资、出口三大需求协同拉动，尤其是消费需求在三大需求中的贡献值将不断提升。无论是产业发展的新常态还是需求发展的新常态，都为我国旅游产业发展创造了良好的条件。

我国的旅游业目前还处在一个高速发展阶段。2014 年，我国的出境旅游增长了 20%，国内旅游增长了 10%，未来几年按照世界旅游业发展的一般规律，我国的旅游业发展还将保持较快的增长速度。可以说，我国的旅游业还处在一个高速发展的常态，中国经济的新常态与旅游发展的常态所形成的态势差，必然会促使资源、资本和技术向旅游产业转移。2014 年，我国有 6000 亿元的投资进入了旅游产业，旅游业不仅是一个巨大的消费领域，也是一个巨大的投资领域，未来也会成为我国重要的出口领域。

（三）旅游新常态

经过多年的发展，旅游业取得了一些成就，但由于受我国社会经济环境的限制，旅游发展形成了固有的发展模式，这种模式便是以出境旅游为热点，以主要城市为依托，以主要景区为骨干，以观光旅游为核心，以自助游为运行方式。

虽然我国的出境旅游和国内旅游位居世界第一，入境旅游位居世界第三，我们却没有产生促进世界旅游发展的国际领袖型企业；我们具有规模巨大的产业融合商机，却没有引领旅游发展方向的商业模式创新；我们拥有众多世界级的旅游资源，却没有形成世界级的旅游产品和具有国际竞争力的旅游目的地。这便是旅游发展的常态，旅游业要想在新的时代背景下在国民经济中站稳脚跟，就需要认识到什么是旅游的新常态。

1. 从新辟旅游消费市场和消费升级角度

面对正在兴起的大众旅游时代，我们必须考虑大众旅游需求的多样化、个性化发展态势，不能只顾量的扩张，更应深入研究消费升级，提供新型产品，形成新的业态。2015 年，国务院发文分别从新辟旅游消费市场、消费升级重点领域和方向等方面提出了旅游新常态的发展要求。从新辟旅游消费市场角度，我国提出了加快自驾车房车营地建设、推进邮轮旅游产业发展、培育发展游艇旅游大众消费市场、大力发展特色旅游城镇、大力开发休闲度假旅游产品等措施。从消费升级重点领域和方向角度，我国提出要大力培育一些新业态，如乡村旅游、自驾车、房车旅游、邮轮旅游、工业旅游的服务消费升级；互联网旅游的信息消费升级；生态旅游的绿色消费升级；通用航空、邮轮等传统高端消费的时尚消费升级等。

2. 从旅游构成要素角度

2015 年全国旅游工作会议，在现有旅游六要素基础上进一步概括出新的旅游六要素：商、养、学、闲、情、奇。新旅游六要素的归纳演绎让人耳目一新，也使我们对旅游新常态的认识脉络更加清晰。

新旅游六要素分别对应不同的旅游新常态。如商务旅游、会议会展、奖励旅游等对应“商”；健康旅游、养生旅游对应“养”；乡村休闲、都市休闲等各类休闲旅游对应“闲”；婚庆、婚恋、纪念日旅游等各类精神和情感的旅游对应“情”；探索、探险、探秘、新奇体验等探索性的旅游对应“奇”；游学、团建等各类学习型旅游对应“学”。

3. 从产业融合角度

旅游行业具有关联性、包容性与综合性，与其他相关行业进行广泛融合，从而造就旅游新常态。据此，“十三五”规划纲要指出，要推进农业与旅游休闲、教育文化、健康养生等的深度融合，发展观光农业、体验农业、创意农业等新业态。要推进文化业态创新，大力发展创意文化产业，促进文化与科技、信息、旅游、体育、金融等产业融合发展。

从封闭的旅游自循环向开放的“旅游 +”融合发展方式转变，是全域旅游的重要特征之一。我们要加大旅游业与农业、林业、工业，以及商贸、金融、文化、体育、医药等产业的融合力度，形成综合性新产能。从产业融合角度理解新常态可以大大拓宽旅游业的发展空间，符合旅游业的产业特征与规律。

旅游业要成为我国未来社会经济战略性发展的支柱产业，要成为人民满意的现代服务业，必须以沉稳的态度来重新寻找中国旅游业的发展道路，必须以创新的精神来构建旅游业的运行方式，必须以市场的决定性力量来创造适应未来我国旅游业发展的常态之路。

二、低碳低耗

低碳的美好不只在于旅游过程中绿树成荫、鸟语花香，更重要的是让环境更适宜人居住。我们要用低碳的理念来制约自己的行为，迎接所有生命灿烂辉煌的明天。

（一）低碳低耗的基本解释

低碳，指较低（更低）的温室气体（以二氧化碳为主）排放。随着世界工业经济的发展、人口的剧增、人类欲望的无限增加和人类生产生活方式的无节制，世界气候面临越来越严重的问题。二氧化碳排放量越来越大，地球臭氧层正遭受前所未有的危机。全球灾难性气候变化屡屡出现，已经危害到了人类的生存环境和健康安全。人类曾经引以为豪的经济高速增长和不断膨胀的GDP也因为环境污染、气候变化而大打折扣。减少二氧化碳排放的生活则叫作低碳生活。低碳旨在倡导一种以低能耗、低污染、低排放为基础的经济模式，减少有害气体排放。

低耗，指节约能源、降低消耗，用最少的投入去获取最大的经济效益。节能降耗是企业的生存之本，我们需树立“点点滴滴降成本，分分秒秒增效益”的节能意识，以最好的管理来实现节能效益的最大化。

低碳低耗是发达国家构造出来的概念，并努力形成机制。近代工业革命以来，发达国家排放的二氧化碳占全球总排放量的80%。如果说二氧化碳排放是气候变化的直接原因，谁该承担主要责任就不言自明。无视历史责任，无视人均排放和各国的发展水平，要求近几十年才开始工业化，还有大量人口处于绝对贫困状态的发展中国家承担超出其应尽义务和能力范围的减排任务，是毫无道理的。不少发达国家如今已经过上了富裕生活，但仍保持着远高于发展中国家的人均排放量，且大多属于消费型排放。相比之下，发展中国家的排放主要是生存排放和国际转移排放。全球仍有24亿人以煤炭、木炭、秸秆为主要燃料，有16亿人没有用上电。应对气候变化必须在可持续发展的框架下统筹安排，绝不能以延续发展中国家的贫穷和落后为代价。发达国家必须率先大幅量化减排并向发展中国家提供资金和技术支持，这是不可推卸的道义责任，也是必须履行的义务。发展中国家应根据本国国情，在发达国家资金和技术转让的支持下，尽可能减少温室气体排放，适应气候变化。作为工业化发展已有几百年的国家，发达国家已经进入了后工业化社会，形成了低碳低耗发展的格局，同时掌握了低碳低耗发展的前沿高端技术。其不仅把握了话语权，而且进一步把握了世界经济发展的主动权。“共同但有区别的责任”原则是国际合作应对气候变化的核心和基石，应当始终坚持。

当然，从把握发展主动权的角度看，中国应当顺应要求、引领发展，按照中央提出建设资源节约型和环境友好型社会的总体要求，明确“低耗经济，低耗机制，低耗发展”的战略。低消耗是根本，是源头机制，有低消耗必有低碳。过去普遍认为的低碳就是低消耗，却是低水平、小农经济的低消耗，现在要谋求的是高水平、高智力的低消耗。这恰恰符合中国的实际情况，也是中国的优势所在。为此，我们应当全面树立低耗观念，研究低耗技术，推广低耗生活。

（二）低碳旅游

在低碳低耗的实施过程中，旅游业的优势充分凸显，低碳低耗的可持续发展也会形成中国旅游业发展的长期重大机遇。首先，旅游业作为服务产业的重要组成部分，占用资源少，而且很多资源可以永久利用，由此自然形成碳排放少的突出优势。其次，多年的实践证明，旅游业发展与环境密切相关，而且会促进环境的改善，这就有助于我们承担碳责任，减少碳债务。因为旅游业销售的就是环境和文化，因此保护环境资源、挖掘文化内涵成为旅游业发展的内在动力，并由此形成了深层次的利益机制。通过发展旅游业，促进环境的保护，进一步促进环境的提升和改善，从多年的发展经验来看，这是完全可以实现的。最后，会形成新型碳机制，即通过旅游业发展，对其他产业产生良性替代，形成产业补偿，从而达到既节能减排又促进发展的双重目标。例如，有很多地方原来砍树炸山，因为老百姓没有其他收入渠道。但是，随着旅游业的发展，大家种树、环保的积极性被调动起来了，发展旅游，已经形成一个产业。类似情况比比皆是，可见旅游业不仅具有低碳发展的巨大优势，而且可以成为中国低碳经济发展中的先锋和亮点。

同时，中国旅游业发展已经奠定了比较好的低碳发展基础。1999 年，我国提出“中国生态环境年”；2009 年，又提出“中国生态旅游年”。开发绿色旅游资源，建设绿色旅游产品，开展绿色旅游经营，实行绿色旅游管理，培育绿色旅游消费，已经成为行业和市场的共识。但是，我们也应当清醒地看到，现在还存在一系列问题。一是在交通和餐饮方面，能源消耗仍然突出，尤其是奢华之风助长了碳排放。二是在开发建设过程中，传统模式仍然占据统治地位，注重硬开发，忽视软开发，把旅游模式等同于工业开发模式。三是技术含量较低，许多先进的智能化技术和节能减排技术应用严重不足，这不仅增加了运营成本，也增加了碳排放量。四是旅游消费中的浪费现象普遍，如温泉的使用、食品的浪费，这不仅提高了消费成本，也增加了排污的工作量。

为此，发展低碳旅游，培育低碳生活，应当成为新时期的重要战略。其中包括三个重点：一是转变现有旅游模式，倡导公共交通和混合动力汽车、电动车、自行车等低碳或无碳交通方式，同时也丰富了旅游生活，增加了旅游项目；二是扭转奢华之风，增强旅游项目方便、舒适的功能性，提升文化的品牌性；三是加强旅游智能化发展，提高运行效率，及时全面引进节能减排技术，降低碳消耗，最终形成全产业链的循环经济模式。

在软开发方面，应当把环境作为旅游大产品建设，作为核心竞争力培育，这主要体现在三个方面。一是良好的自然环境。其一，要求山清水秀，柳绿花红，空气清新。要做到这一步很难，但这是必须追求的目标。其二，要求清洁卫生，一些大的环境污染问题一时解决不了，至少要实现干净的目标。二是友善的社会环境。要让旅游者体验到友善的氛围，觉得有吸引力。培育一个友善的社会环境也是需要政府下大力气才能做到的事情。三是具有浓厚特色的人文环境。一个地方要有特色，不是靠高楼大厦，而是靠传统文化的积淀，靠建筑语言的表现，靠鲜活的生活气息，形成浓郁的人文环境。所以，特色的人文环境必须要求人们对自身的文化有充分的认识，珍重自身的文化，热爱自身的文化，提升自身的文化。形成一个具有浓厚特色的人文环境对我们而言是更深层次的考验，考验的就是我们的文化素质，考验的就是我们的审美趣味。

旅游碳排放不仅涉及旅游业的方方面面，也涉及旅游业与国民经济和社会发展等问题。例如，旅游业的碳排放情况如何、碳机制怎样形成、在各类产业中的碳成本比较、在产业替代中的功能、在国际竞争中的力量等都是新题目。按照碳排放成本来说，如果旅游业一年减排 1 亿吨，就是创造了 30 亿美元的财富。

第五节　全域旅游时代的到来

在“互联网 +”与“旅游 +”共创并举的新形势下，在高速路网与全民旅游休闲的有力支撑下，在旅游外交与供给侧改革的政策支持下，在新常态与低碳低耗的意识转变下，旅游业迎来了新的格局、新的时代。我们要抓住此次机遇，构建以旅游业为中心的大格局，更新思路，纵深探讨，“全域旅游”概念呼之欲出，在“建设美丽中国”“绿水青山就是金山银山”等新时期政策导向下，全域旅游理当成为我国旅游业发展的新常态。

全域旅游时代是一个大旅游时代，从广义上而言，旅游资源无限制，旅游行为无框架，旅游体验无穷尽，旅游消费无止境，旅游产业无边界，旅游发展无约束，旅游融合无限制。发展全域旅游，转型升级是必由之路。产品从单一到复合，形成体系；开发从粗放到精品，形成层次化；产业构建从内部到跨界，全面拉动。

作为研究者，仅仅纸上谈兵、照抄照搬是不可取的，而仅仅关注实战，不能从实战中总结经验和教训进行理论完善也是不能引领行业进步的。全域旅游是一个比较新的概念和发展模式，因此本书会从其理论、方法、实践三个大方向进行阐释，以期为更多地方旅游业的发展提供理论依据。

第二章　全域旅游理论体系

在旅游产业的发展理念里，旅游产业尽管是综合性产业，但强调的是其他部门对旅游产业发展的支持，而在全域旅游的发展理念里，强调的不仅是其他部门对旅游产业发展的支持，更突出旅游产业与其他产业的融合发展，强调的是抓经济、抓产业、抓经济结构调整，抓旅游就是抓城市知名度、美誉度。在这里，旅游业不再是服务大局的边缘产业，而是融入中心、纳入主流的融合产业。

第一节　全域旅游的理论基础

旅游研究不同于其他学科领域的研究，其核心在于综合性与学科的多元性。虽然在旅游科学发展的综合性、融合性过程中，一些处于旅游科学核心地位的支撑学科，如经济科学、地理科学、人文社会科学、生命科学，发挥着主力军的作用，然而，面对全域旅游快速发展的趋势，几乎没有一个学科可以独当一面，解决全域旅游面临的全部挑战和问题。面对全域旅游的研究命题，偶尔们需要构建起全域旅游的理论支撑基础。

全域旅游的理论应该包括两个层面：基础理论和空间结构理论，如图 2-1 所示。

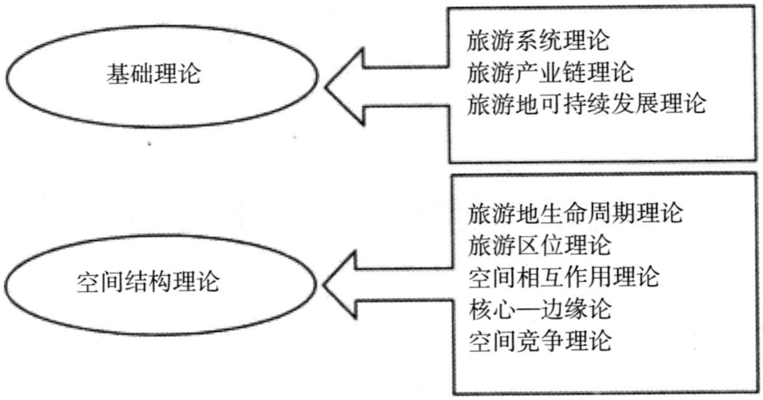

图 2-1　全域旅游理论框架

一、旅游系统理论

（一）旅游系统的定义

系统论认为，系统是由一组相互依存、相互作用和相互转化的客观事物所构成的具有一定目标和特定功能的整体。系统中各单元之间，有物质、能量、信息、人员和资金的流动；通过单元的有机结合，整个系统具有统一的目标，但总体不等于它的部分之和。系统广泛存在于自然、社会和人类思维之中。人类一直在不断运用智慧，把旧系统的各要素按一定的目标，调整成为更为有效的有机整体，从而缩短系统的组织发展进程，使系统按更加符合人类生存发展需要的方向发展。

利珀提出旅游系统概念以来，对旅游系统概念的理解一直存在争议。国外学者提出旅游系统由旅游者、客源地、交通线路、目的地和旅游业五大要素相互作用形成，或由客源市场、旅行、目的地和市场营销四个环节相互作用形成。国内学者提出旅游系统是指直接参与旅游活动的各个因子相互依托、相互制约形成的开放的有机整体，包括客源市场系统、出行系统、目的地系统和支持系统四个部分，或旅游系统是以旅游目的地的吸引力为核心、人流的异地移动性为特征、闲暇消费为手段，具有较稳定的结构和功能的一种现代经济、社会、环境边缘组合系统，由旅游者、旅游地和旅游企事业单位三大要素构成。

旅游作为一个系统，它是旅游者通过旅游媒介到达旅游目的地进行旅游活动的系统，其构成要素有：旅游主体——旅游者；旅游客体——旅游产品（广义）；

旅游媒介——旅游业和贯穿这三者的旅游活动（指以一定的经济、社会、环境存在和发展为依托，由旅游主体、旅游客体和旅游媒介互为条件、相互作用所产生的现象和关系总和）。就旅游系统是旅游活动系统而言，其基本组成要素不应该包括旅游业或与旅游业相关的经济要素，应是以目的地为中心，由客源地、目的地和旅游媒介三个子系统组成旅游的空间组织单元，即旅游系统是指直接参与旅游活动的各个因素相互依托、相互制约形成的一个开放的有机整体。

（二）旅游系统的结构

系统的结构是系统保持整体性及使其具有一定功能的内在依据，所以研究旅游系统的结构就非常有必要。旅游系统具有地域上和功能上的完整性。从空间表现形式来看，旅游系统是旅游客源地与旅游目的地通过旅游通道相互作用的一个空间系统，如图 2-2 所示。其中旅游通道既包括了交通通道，也包括信息这个过去常被忽视的无形通道，交通的便捷性和信息的易获得在很大程度上推动了旅游者从客源地前往目的地的流动。

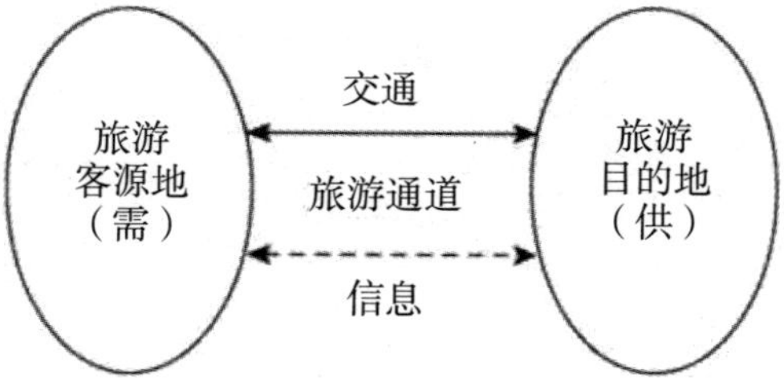

图 2-2　旅游系统的结构

按旅游功能分析，旅游系统包括四大子系统，即客源市场（需求）系统、出行系统、目的地（供给）系统、支持系统。子系统内又包括诸多要素，这些要素相互关联、彼此制约，构成一个有机的旅游系统，其组成结构如图 2-3 所示。

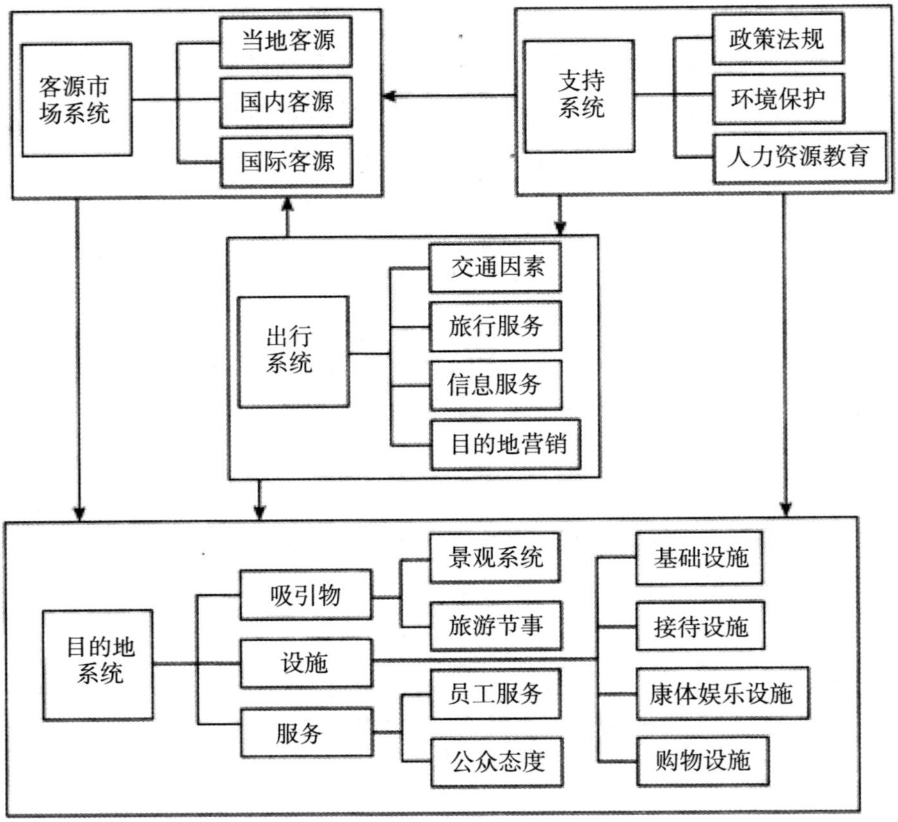

图 2-3　旅游系统的组成结构

根据图 2-3，旅游活动应视为一个开放的复杂系统，对于该系统特征的把握及其在旅游开发、规划、经营、管理中的应用，就是旅游科学的核心任务。旅游系统应包括四个部分，即客源市场系统、出行系统、目的地系统和支持系统。

客源市场系统主要是指位于旅游活动各段落的休闲者和旅游者及其形成、活动背景等因素构成的一个子系统。以旅游者旅游的距离或其参与的活动类型等为指标，可以将客源市场划分为日常旅游及一日游的当地客源、参与一日游及过夜游的本地以外的国内客源，以及一般属于过夜游或度假游的国际客源。在学术研究中，客源市场的调查、分析、流量（需求）预测、滞留期、人均日消费、旅游毛收入预测，以及收入乘数和就业机会数预测等，构成相当重要的领域。在政府或旅游企业中，客源市场问题也占据工作中的重要位置。

出行系统主要探讨旅游者对各种旅行方式（公路、铁路、水上航线、空中航线、缆车、索道、乘坐设施等）的知觉特征和选择模式，旅行的时空分布与空间类型（如单一型、沿途型、基地型、区域性、环游型等），以及旅行社旅游线路的设计组合等。其包括由旅行社提供的旅游咨询、旅行预订和旅行服务，政府、旅游目的地或旅游组织商家向旅游者提供的信息服务，旅游目的地规划和主办的意在激发潜在游客出行动机的旅游宣传、营销等子系统。在目的地产品策划、规划和营销过程中，还涉及旅游产品的市场分析。

目的地系统主要是指为已经到达出行终点的游客提供游览、娱乐、经历体验、食宿、购物享受或某些特殊服务等旅游需求的多种因素的综合体。这是旅游系统中与旅游者联系最密切的子系统，它和出行系统中的交通因素一起，常被人们通俗地归纳为上述的"六要素说"，并且导致一部分人产生较模糊的认识，以为整个旅游系统本身就是由此"六要素"所构成的。具体来讲，目的地系统由吸引物、设施和服务三个方面的要素组成。吸引物是在旅游资源的基础上经过一定程度的开发形成的，一般包括景观系统和旅游节事两个部分，因此有时可以将吸引物系统近似地理解为旅游资源系统。设施子系统包括除交通设施以外的基础设施（给排水、供电、废物处置、通信及部分社会设施）、接待设施（宾馆、餐饮）、康体娱乐设施（运动设施、娱乐设施等）和购物设施四部分。服务子系统是一类特殊的子系统，是形成目的地吸引力的有机组成部分。虽然其大部分情况下是非形态的，却可起到举足轻重的作用。

支持系统是指国家、地方政府及其旅游职能部门以及与旅游业关联度很高的相关产业对旅游的支持作用。支持系统是旅游科学研究中一个重要的组成部分，缺乏政策保障、环境影响评价和保护计划，以及专门人才教育和培训的旅游系统，将会导致旅游业发展过程中社会影响恶化、资源损毁、环境质量退化、经济衰退等不良后果。实际上，从某个角度而言，旅游发展战略的制定及其实施本身，就可看成某种形式的旅游业健康发展的政策保障，即旅游发展战略编制行为本身也是旅游系统的一个组成部分，是旅游业可持续发展的必要保障。

由此可见，旅游系统是通过旅游者的旅游活动使其各组成要素相互联系、相互作用构成的一个有机整体。首先，它是一个动态系统。随着时间的变化，系统的状态也不同，旅游地表现出的季节变化和旅游地旅游产品的生命周期、旅游服务质量的好坏、旅游资源品位的高低、市场需求的变化、旅游环境的破坏与否、旅游目的地的好客程度都直接影响旅游系统的输入。其次，它又是一个闭环系统。旅游系统的各要素是相互联系、相互影响的，旅游系统中任一组成成分的变化都有可能导致整个旅游系统的变化。最后，它是一个开放系统。旅游系统的外部环境的变化也会引起系统结构本身的变化，因此旅游系统也是一个具有开放性结构的系统。

根据系统论的基本思想方法，我们把全域旅游视为一个系统有机整体，用系统论的理论与方法研究全域旅游理论、全域旅游资源配置与开发利用、全域旅游管理等问题，目的在于揭示全域旅游的内在联系与外在环境关系的规律性。

二、旅游产业链理论

要明白什么是旅游产业链，首先要清楚何为产业链。目前，理论界对产业链并没有形成一个统一的认识。不同的学者从不同的研究目的和研究视角出发给出了不同的解释，比较具有代表性的有以下两种。

一种是从政府和企业的角度认识产业链。企业经营要有好的“上家”和“下家”，这种经营环境中的上中游，对企业而言，通常称为供应链，对于政府而言则称为产业链。这种观点认为，产业链是一个包含价值链、企业链、供需链和空间链四个维度的概念。这四个维度在相互对接的均衡过程中形成了产业链，这种对接机制是产业链形成的内模式，作为一种客观规律，它像一只“无形之手”调控着产业链的形成。

另一种是从战略联盟的角度认识产业链。产业链是指在一定的产业群聚区内，由在某个产业中具有较强国际竞争力的企业，与其他相关产业中的企业结成的一种战略联盟关系链。这一定义强调产业链的区域性以及产业链内企业之间的合作关系。

从以上产业链的定义可以看出，产业链的形成需要具备以下几个条件：一是产业链中要有核心企业或者是龙头企业，从而带动其他相关企业形成链条；二是产业链中的企业要具有相关性，这种相关性既可以表现为投入与产出关系，也可以表现为横向的协调统一关系；三是产业链通常针对某个区域而言，产业链是增强区域产业竞争力的重要方式；四是产业链中的各个企业是合作关系、联盟关系。我们对旅游产业链的界定也从这几个方面入手。

（一）旅游产业链的定义

1. 基于旅游者需求的旅游产业链界定

旅游者的需求促进了旅游产业要素的形成，因此旅游产业链的界定也常从旅游者需求的角度出发。如李丹枫等认为，旅游产业链是指旅游消费者从获得旅游信息并决定进行某次旅行、经过空间移动，到最终实现旅游体验这一系列的活动过程中，因食、住、行、娱、购、游等旅游消费涉及的企业分属不同的产业类型而形成的一种产业链关系。何建民提出，对于常规旅游来说，旅游产业链包括了目标顾客的选择、定位、产品设计、价格制定、渠道选择和形象推广等。这类概念都强调产业链始于旅游者的空间移动，止于旅游者旅游消费体验的实现，是食、住、行、娱、购、游六要素相关企业的集合。这种界定方法使旅游产业的边界相对较窄，通常被称为狭义的旅游产业链，但便于统计与操作。也正因如此，目前文化和旅游部主导的旅游产业统计口径也基本上采用这一界定方式。

2. 基于旅游产品供应的旅游产业链界定

我们通常认为旅游产业是由生产旅游产品与服务的旅游企业集合构成的，因此不少关于旅游产业链的定义从旅游产品与服务的供应角度出发，如有的学者将旅游产业链定义为一条包含了所有旅游产品与服务的供应与分配的链条，旅游价值链因此可分为赢得订单、分配前的支持、分配以及分配后的支持四个阶段，以实现旅游产品端到端的无缝连接，或者将旅游产业链定义为包含了旅游供应商、旅游开发商、旅行社和游客四个部分的单链。

3. 基于空间移动范围内旅游产品供应的旅游产业链界定

基于旅游者需求的旅游产业链界定划分了旅游产业链的起点与终点，使旅游产业研究具有可操作性，基于旅游产品与服务供给的价值链强调了旅游产业链的多元性，但又陷入概念泛化的困境。于是又有学者将旅游产品与服务的价值链终点限定在“特定旅游目的地的分配和营销”内，相应的旅游供应价值链定义为，参与了从旅游产品或服务不同部分的供应（如航空业、住宿业）到最终旅游产品在特定旅游目的地的分配和营销这个过程中不同活动的旅游组织所组成的网络；或者将旅游供给限定在旅游者空间转移过程中，定义为，在旅游者到目的地的空间转移及旅游消费过程中，为其加工、组合并提供旅游产品，以助其完成到达目的地的旅行与游览，此间所形成的以旅游企业为核心的各种产业供需关系。

综上所述，笔者根据产业链的定义和形成条件，给出旅游产业链的定义。旅游产业链是指为满足旅游者的旅游需求，以产业中具有竞争力或竞争潜力的企业为链核，与相关产业的企业以产品、技术、资本等为纽带结合起来，通过包价或零售方式将旅游产品间接或直接销售给旅游者，以助其完成客源地与目的地之间的旅行和游览，从而在旅行社、饭店、餐饮、旅游景区、旅游交通、旅游商店等行业之间形成的链条关系，如图 2-4 所示。

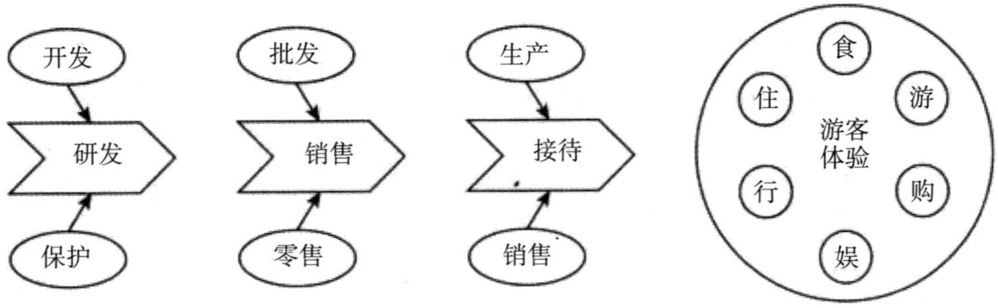

图 2-4 旅游产业链

（二）旅游产业链的特点

1. 复杂性

旅游产业链的各个组成部分虽然分工不同，但是为满足旅游者的需求，它们构成了一个相互关联的共同体、一个动态协调的产业系统。旅游产业链环节多，产业链各要素在数量、质量和层次结构上协调难度比其他产业大。此外，产业链中各个企业隶属于不同部门，它们相互影响、相互制约，旅游产业链呈现出高度复杂性。

2. 特殊性

旅游产业链的特殊性表现在两个方面：一是组合关系的特殊性；二是链核的特殊性。传统产业内的各企业主要是基于上下游产业中的物质投入与产出而进行分工合作，产业内的企业通过纵向产业加工链联系在一起，而旅游产业内的企业是基于为旅游者提供完整的旅游产品、服务而进行的专业分工，企业间不是通过生产环节相联系，而是通过旅游产品的组合进行合作。传统产业内的各类企业，在物质投入与产出基础上形成了前后联系的纵向关系，而旅游企业之间是根据旅游消费需求而形成的专业分工，各种不同类型的旅游企业之间是横向组合关系。

产业链是围绕核心企业，通过对信息流、物流、资金流的控制，将各节点企业直到最终用户连成整体的中间经济组织。核心企业是产业链的链核，协调产业链中不同节点企业的行为。在传统产业链中，往往是以市场前景比较好、科技含量比较高、产品关联度比较强的优势企业为链核，通过这些链核前后联系形成链条。在旅游产业链中，处于链核地位的不是旅游产品或服务的生产商，而是担负着大量组织协调工作的大型旅行社和掌握客源信息的旅游运营平台。自发形成的自驾游产业链体系不存在核心企业。

3. 关联性

旅游产业链涉及众多的国民经济部门，既包括核心旅游产业，也包括旅游相关配套产业，这些产业共同围绕食、住、行、娱、购、游六要素形成一个完整的产业体系。旅游产品、服务的提供需要第一产业、第二产业、第三产业众多相关行业和部门的共同配合，如为旅游业提供物质支撑的农业、渔业、畜牧业、林业等属于第一产业，轻工业、重工业和建筑业等部门和行业中的相关部门属于第二产业，邮电通信业、金融业、保险业、公共服务业、卫生体育业、文化艺术业、信息咨询服务业等相关产业属于第三产业。按照世界旅游组织的定义，旅游产业链涉及 29 个经济部门中的 108 个行业，这些行业与旅游活动发生直接联系或间接联系，这些产业为旅游产业的发展提供了物质基础，成为旅游产业运营的有力支撑，而旅游产业的发展也会反哺这些产业。

4. 中间性

产业链条上的企业之间不是简单的市场关系，而是一种长期战略联盟关系。与纵向一体化不同，产业链是独立企业间的联合；与企业联合不同，产业链中的企业联盟在各方承诺的关键性领域中能像单一公司那样运作。旅游产业链既不是简单的市场交易关系也不属于纯粹的企业组织关系，而是一种介于宏观和微观之间，同时具有宏观和微观特征的中间组织，是一种具有市场的组织和组织的市场特点的中间组织。

5. 网络性

传统产业链是基于产品工艺分工的纵向产业关联，表现为企业间上、中、下游的关联形态。旅游产业综合性较强，决定了其产业链是基于旅游客流的网络状关联形态，核心企业和节点企业之间的关联复杂性更强，既有纵向关联（上游大型旅游商，下游景区、饭店、宾馆、导游、司机），也有横向关联（宾馆、饭店、景区、商品部门）和混合关联。

全域旅游可以说就是一个产业链。本书旨在构建全域旅游的产业链，运用旅游产业链的思想可以在研究全域旅游的过程中，从整体上总揽全局，把握全域旅游的发展方向；从整体上运筹帷幄，进行合理的空间布局和要素配置；从整体上协调旅游地规划开发、配套设施、保障体系。

三、旅游地可持续发展理论

（一）可持续发展理论的提出

自20世纪80年代以来，随着经济的发展，人与自然矛盾关系逐渐激化，可持续发展问题成为国际社会普遍关注的热点问题之一。20世纪90年代中期，作为中国在世纪之交的一个必然选择，可持续发展战略被正式纳入我国国民经济和社会发展“九五”计划和2010年远景目标纲要，其与科教兴国战略一起被确定为中国走向21世纪的两大国家战略。

可持续发展理论的形成是以唯物史观为基础的。历史唯物主义认为，人与自然是既对立又统一的：人类本身就是自然界长期发展的产物，是自然界的一部分，但由于自然界是人类生存和发展的基本物质前提，人类的发展离不开自然界。同时，人与自然的统一不是像动物那样简单地适应自然、直接生存在自然界中，而是通过认识世界、改造世界的社会实践活动，实现“自然界的人化”，并在这个过程中，实现人与自然的和解，保持、维护其与自然的结构稳定与平衡，实现人与自然现实的、具体的、历史的统一。

可持续发展理论提出的直接目的是解决生态恶化的问题，寻求改变传统发展方式对自然生态和环境的负面影响的有效途径，所要解决的核心矛盾是人与自然的对立问题。透过该理论的表层我们可以看出，它谋求的是经济发展与人、资源、环境的协调，以期推动社会的全面进步。它强调环境与经济的协调，人与自然的和谐，其核心思想是健康的经济发展应建立在生态持续发展、社会公正和人民积极参与自身发展决策的基础上。它所追求的目标是既要使人类的各种需求得到满足，个人得到充分发展，又要保护生态环境，不对后代人的生存和发展构成危害。它特别关注各种经济活动的生态合理性，强调对环境有利的经济活动应予以鼓励，对不利的经济活动应予摒弃。其强调把环境保护作为经济发展进程的一个重要组成部分，作为衡量发展质量、发展水平和发展程度的客观标准之一。

与传统的发展观念相比，可持续发展观具有整体性、有机协调性和以人为本性。

整体性是指可持续发展观在空间维度上体现着整体与局部的统一，在时间维度上体现着现在和未来的统一，在文化维度上体现着理性与价值的统一。它注重人与自然的关系、人与人关系的优化，追求的是社会各个领域如经济、社会、文化、生态的整体推进、协调发展。在纵向关系上注重把持续的和长远的利益作为社会发展的一个重要衡量标准。所以可持续发展观追求的不是局部的、暂时的效益，而是整体的、长远的效益。

有机协调性是指把整个自然界和人类社会看成一个各种要素有机组成的密不可分的巨大系统，各部分是相互规定、同构共生、协调发展的关系，强调各部分功能的正常发挥对保持整体稳定的重要性。可持续发展理论要求注重发展的极限，遵循适度的原则。该理论实际上主要涉及三个方面的可持续性：一是自然的可持续性；二是经济的可持续性；三是社会的可持续性。只要社会在每一个时间段内都能保持资源、经济、社会同环境的协调，那么这个社会的发展就符合可持续发展的要求。可持续发展不单是经济问题、社会问题或生态问题，而是三者互相影响的综合体。

以人为本是指人的全面发展是该理论的基本目标和最终理想，经济增长只不过是实现这一目的的手段。《里约环境与发展宣言》指出："人类处于普遍关注的可持续发展问题的中心，他们有权过一种与自然相和谐的健康而富有成效的生活。"人的全面发展的前提是社会的全面发展，但社会的全面发展又必须通过人的全面发展来加以体现。人的全面发展不仅指满足人的物质生活需求，还包括满足人们在社会生活、精神生活、政治生活等多方面的各种价值需求，使人在体力和智力上的各种潜能得到充分展现。

可持续发展已经是当今社会经济发展的一个新的方向，而且人们也认识到了可持续发展的重要性，可持续发展概念的界定并不只包含了经济方面的内容，其中还包含了自然的、社会的、生态的以及利用自然资源过程中的基本关系，从而确保社会经济各方面的长远发展。

（二）旅游地可持续发展理论概述

可持续发展是指既满足当代人的需求，又不对后代人满足其需求的能力构成危害的发展。许多教训告诉我们经济的发展固然重要，但损害环境而换来的经济发展所造成的后果更可怕，所以许多国家和组织都在致力于可持续发展的研究。旅游业是世界最大的行业之一。2010 年，世界旅游业理事会总裁鲍姆加藤曾表示，旅游业有能力在 10 年内，以每年超过 4% 的速度增长。鲍姆加藤先生还特别强调，生物多样性是旅游业的重要资本，是维持旅游业持续增长的基础，是确保旅游业可持续发展与我们未来成功的关键，是保持环境、经济与社会三者在旅游业中平衡的关键。

1980 年，世界旅游组织在菲律宾通过的《马尼拉世界旅游宣言》提出"所有旅游资源各国和整个国际社会都必须采取步骤加以保护"。1990 年在加拿大召开的大型综合性国际环境保护行业盛会对旅游可持续发展目标进行了较全面的描述，最核心的一点是要保证在从事旅游开发的同时不损害后代人为满足其旅游需要而进行旅游开发的可能性。与此同时，科学界研究可以说更早、更全面涉及旅游可持续发展问题，如 1971 年利姆和斯坦基就研究了旅游环境与容量的问题，1986 年皮尔斯与琳赛在《产业与环境》中论述了美国的旅游海岸及国家公园的旅游环境与发展问题。

可持续旅游是“满足现有旅游者和地方社区居民需求的同时，保护和增强未来的发展机会”。其核心价值是经济效益、社会公平与环境完整的统一。这里，经济效益既需要改善当代人的福利，也需要维系和保持后代人的经济发展机会；社会公平既需要保护人类文化遗产，也需要在维系社区生活方式及文化传承基础上实现生活质量的改善；环境完整则是维系基本的生态过程和生物多样性，促使景观环境质量的改善和提升。

全域旅游的核心目标是全域发展的可持续性，实现旅游发展机会的全域公平，旅游发展利益的全域共享，旅游发展风险的全域共担，这也是需要可持续发展理论进行支撑的。

四、旅游地生命周期理论

旅游地生命周期理论是阐释旅游地演化的基本理论之一。巴特勒将旅游地的发展演化划分为探索、起步、发展、稳固、停滞、衰落或复兴 6 个阶段，并以 S 形曲线形式对其进行了直观的表达，如图 2-5 所示。旅游地生命周期理论与旅游地发展过程中影响要素及其作用机制的变化密切相关。旅游地生命周期理论可为有效判定旅游地所处的发展阶段及历史演进过程，描述和分析影响旅游地发展的各类要素，以及旅游地的未来发展预测和相关决策的制定提供指导。

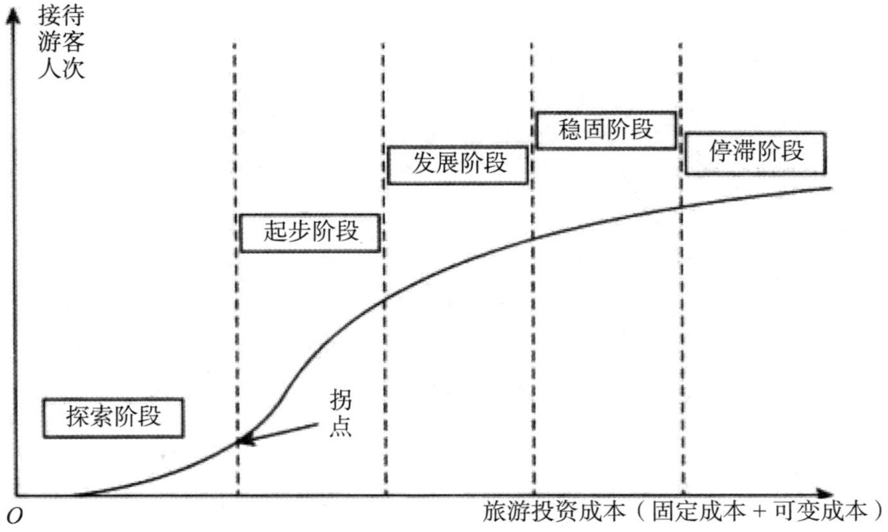

图 2-5　旅游地生命周期

黄震方等人进行主题型文化旅游区阶段性演进的研究，分析游客波动的阶段性，探讨主题型文化旅游区成长演化，揭示了主题型文化旅游区演化的生命周期：探索起步期、充实发展期、快速发展期、平稳发展期和后续发展期（衰亡或复兴）。其中，探索起步期和充实发展期对应旅游文化产品开发期，而快速发展期、平稳发展期和后续发展期则分别对应旅游文化产品的发展期、成熟期和衰亡或复兴期。

刘荣对旅游产品生命周期阶段进行了分析，旅游产品生命周期理论模型的每个阶段反映了消费者、竞争者、生产者、销售及利润状况等方面的不同特征。

在实际经营活动中，人们发现并非所有的旅游产品都要经过 4 个阶段之后才退出市场。有的旅游产品跳过导入期，直接进入成长期；而有的旅游产品则是昙花一现。所以，旅游产品的生命周期模型并非都表现为 S 形曲线。不同的旅游产品、不同的市场环境表现出不同的生命周期曲线。有学者曾研究数百种产品，发现并总结出 6 种产品的生命周期形态，其中最为典型的是“扇贝”形，如图 2-6 所示和“循环—再循环”形，如图 2-7 所示。

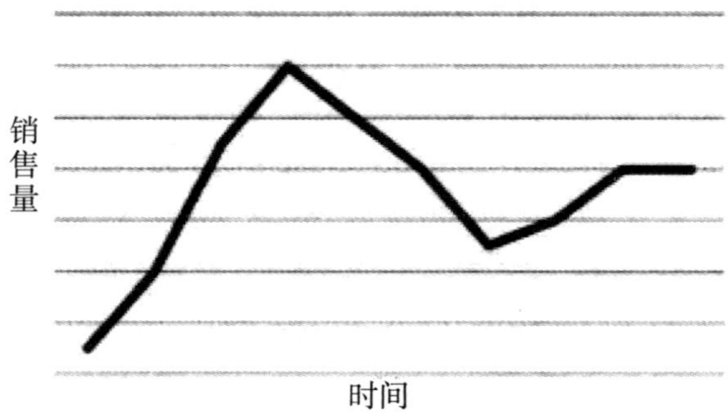

图 2-6　“扇贝”形

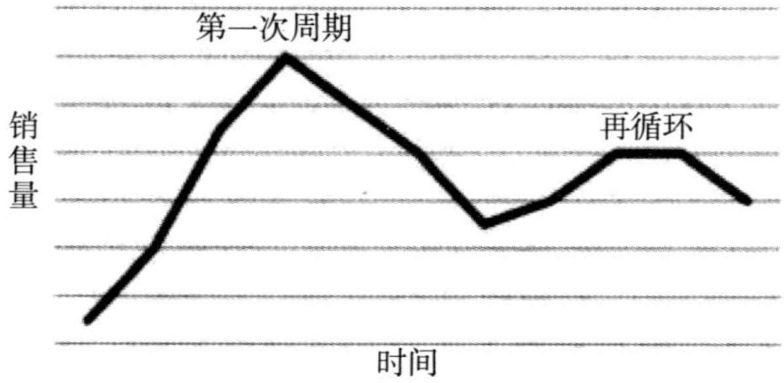

图 2-7　“循环—再循环”形

“扇贝”形是在旅游产品进入成熟期以后，经营者在原有旅游产品基础上进行更新，赋予旅游产品新的内涵、新的特性，树立旅游产品新的形象，开发新的旅游市场，不断引发新的旅游需求，使旅游产品生命周期始终保持在一个理想阶段。“循环—再循环”形是旅游产品进入衰退期后，经营者通过采取有效措施，刺激旅游需求，使旅游产品进入下一个生命周期阶段。

产品生命周期理论揭示了旅游产品从诞生到衰亡的运动过程，对大多数的旅游产品来说都是需遵循的，因为旅游产品在市场上的销售情况和获利能力是随着时间的推移、供给状况的变化以及消费者兴趣的转移而发生变化。对旅游产品生命周期的分析和判断有利于经营者更好地了解旅游产品发展现状，掌握旅游产品在不同的生命周期阶段可能出现的问题并及时进行人为调节，以使旅游产品经久不衰，始终保持旺盛的生命力。

全域旅游本身是一个动态过程，由初级走向高级，由分散走向一体化。借鉴旅游地生命周期理论，可以将全域旅游合作视作一个系统，判断其发展所处的阶段，由此展开全域旅游发展态势的诊断分析，力求达到“扇贝”形生命周期形态。

五、旅游区位理论

2003 年，国家旅游局将区位作为旅游业分析的重要指标和地区旅游发展规划的一项评审标准，列入国家标准《旅游规划通则》。在旅游开发和发展过程中，区位论的原理和思想发挥着越来越重要的作用，逐渐形成旅游区位理论。

（一）区位理论

“区位”一词源于德文，于 1882 年被首次提出。区位在 1886 年被译为英文“location”。区位同位置不同，既有位，也有区，还有被设计的内涵。其主要含义是某事物占有的场所，也含有“位置、布局、分布、位置关系”等意义。

区位理论最早起源于古典经济学，是关于人类活动空间分布及空间组织优化的理论。自 1826 年杜能创立“农业区位论”以来，区位理论迅速发展，经历了古典区位理论、近代区位理论和现代区位理论三大发展阶段。

1. 古典区位理论

这主要指杜能的农业区位理论和韦伯的工业区位理论。这两种理论的共同特点都是立足于单一的企业或工厂，着眼于成本、运费最省，追求单项的区位决策，模型所反映的是静止的、局部的均衡，属于成本指向研究。

2. 近代区位理论

这主要有费特尔的贸易区边界区位理论（其开创了区位论市场学派的先河）、俄林的一般区位论、克里斯·泰勒的中心地理论、赖利的市场区分界点理论、廖什的市场区位理论等。近代区位理论立足于城市或地区，着眼于市场的扩大与优化，追求宏观静态平衡发展，属于市场指向研究。

3. 现代区位理论

现代区位理论始于“二战”以后，与古典、近代区位理论相比，其研究内容、对象、方法等方面存在较大差异，空间性、区域性、系统性是现代区位理论研究的主要特征，区域空间结构理论、区域经济增长理论、区域发展阶段理论等成为现代区位理论的基础。

将古典区位理论与现代区位理论进行比较，可以发现以下几点。

①古典区位理论在区位主体上仅考虑一个生产地，而现代区位理论则考虑到企业内外的多个生产地。

②古典区位理论仅考虑区位主体中的单一部分（如工厂部分），而现代区位理论则考虑到区位主体中的研究、开发、设计、零部件加工、部件组装、最终组装、检验修理、培训、流通、办公等部分。

③在区位目标上，古典区位理论仅考虑利润（或成本），而现代区位理论还考虑非金钱上的收益。

④古典区位理论缺乏或不重视区位选择的具体目标，而现代区位理论则有市场占有率、吸引与稳定人才、形象、名声、市场测试、回避汇率风险、收集信息、避免贸易摩擦等具体目标。

⑤古典区位理论中的产品、规模、销售价格、市场、劳动力、设备、土地、运费等都是事先给定或认为是固定的，而现代区位理论则考虑产品的新颖、成熟、标准化、差别化、多角化、多样化等，考虑规模的大小，也考虑销售价格的高低，更考虑市场的地方性、区域性、全国性以及国际性，还考虑短期、长期、集中、分散、特殊的市场等。

不同时期的区位理论，分别从不同的角度探讨了区位的最优选择问题，用于指导人们在生产布局时，选择最优的地点、场所，以满足以下标准和原则。一是成本最小原则，强调最低运费率和最低生产成本。二是市场范围最大原则，强调企业布局具有最大的市场服务范围。三是利润最大化原则，综合考虑生产成本和市场销售，寻求最大利润空间。四是寻求区位满意原则，以最好地利用社会经济基础，获得最好的生产和生活条件为标准。

综上所述，区位理论是关于人类活动的空间布局和空间组织优化的理论，是探讨地理空间对各种经济活动的分布和区位的影响，研究生产力最优布局的空间组织理论。

（二）旅游区位的定义

人类进行各种活动，必然要选择各种场所。人类选择活动场所的地点（位置）即“区位”。区位体现了为满足人类活动，而在活动需求与活动供给之间形成的某种空间联系，而这种空间联系可能是活动需求与活动供给之间竞争、适应的结果。因此，区位选择是活动需求与活动供给双方互动的过程，研究区位必须从这两个角度予以分析，特别是由于旅游资源的地域性与旅游者偏好的多样性，研究旅游业区位更强调应从旅游供给与旅游需求两方面考虑。

旅游的本质属性是文化属性，文化属性是旅游者需求（偏好）多样性的内在原因。旅游业的本质属性是经济性，经济性来源于旅游资源价值的置换。旅游资源内涵丰富，从理论上讲，具有普遍存在性特点，但旅游资源开发具有选择性。因此，旅游区位应有两个层次，即宏观层次与微观层次。宏观层次是要明确旅游业发展所凭借的物质基础——旅游资源开发的优先顺序或梯级；微观层次是为了有效利用和置换旅游资源价值、满足旅游者需求而在旅游交通、旅游饭店、旅行社、旅游商店等旅游设施、旅游服务方面的区位选择。

因此本书对旅游区位的定义是，旅游区位指区域范围内及周边各种因素与旅游的联系及其对旅游发展的影响程度，这些因素包括经济、文化、环境、资源等。

旅游业是高度关联的产业，从各产业的协作到全域旅游的发展都离不开区位理论的指导。从微观来看，旅游企业投资开发旅游景点、兴建旅游项目，要考虑最佳区位选择问题，需要区位理论的科学指导，在具体的经典线路设计、横向合作方面，更需要考虑最佳区位以满足游客的需要，也要以区位理论为指导；从宏观来看，全域合作也要从成本、市场范围、利润最大化和区位满意角度来衡量并选择最佳的合作对象。区位理论对全域旅游发展的指导是具体和现实的。

（三）全域旅游区位创新

在全域旅游的开发过程中，为了扬长避短、提升价值，人们总是会想方设法地使旅游区位变得更加优越，这种行为和过程就是旅游区位创新。所谓旅游区位创新，就是指人为改变原有旅游区位条件，以取得某种竞争优势，促进游客进行感知和体验消费，推进旅游地更好发展。旅游区位具有相对、系统、辩证、动态的特征，同时与游客的感知密切相关，这决定了旅游区位创新的广阔空间。

1. 资源整合

要使得全域旅游实现跨越式发展，必须打破区域间的行政界线，以资源和产品集合的方式，重新整合出一种超越区域概念的复合型旅游产品，打造可以对数个中心城市形成辐射的较大的区域性旅游产品，通过更广阔的市场来保持一定的客源。在全域旅游范围内，围绕中心城市的各具特色、优势互补的旅游地正在形成，这种以“点—线—面”结合的区域旅游资源组织开发的“板块旅游”结构模式，将逐渐取代过去的“点—线”旅游结构模式，以多样化的旅游产品满足消费者不断增长的旅游需求。

2. 形象提升

如果区域内有同类旅游资源存在，则会对全域旅游发展形成一定程度的制约，即地理位置临近、存在共同市场的同类旅游目的地中吸引力较大的，通常会占有较大的市场份额。吸引力越大，其市场占有率就越高；反之，则越低。当各旅游目的地吸引力的大小过于悬殊时，吸引力大的旅游目的地就会使吸引力小的旅游目的地失去市场。在这种情况下，如何避免全域旅游内部竞争就是需要考虑的问题。其实，吸引力小的旅游目的地要想寻求更大的发展空间，首要问题就是形象变更，彻底从形象上进行改变。例如，以自然花卉为主打形象的话，位于黄陂的大余湾永远比不上木兰山、木兰天池的天然景观和云雾山的花卉，这自然与知名度是分不开的，所以大余湾发展旅游产业就回避了这些劣势，以徽派老宅为卖点进行宣传推广，产生了良好的效果。

3. 区域联动

区域联动，打造复合型产品。复合型产品是指在全域内已经有相当规模和相当知名度的品牌旅游产品时，将自己的产品概念融入这个大的品牌当中，成为知名旅游产品品牌的一部分，利用知名品牌的光环效应为自己宣传。此做法的依附效应明显，可以迅速提升处于区位劣势旅游产品的知名度，使产品在较短的时间内走向更大的市场。这种对旅游产品的外延式发展，是全域旅游发展的必然趋势。例如，武汉江夏区以花卉著名，熏香悦花卉世界就是依附整个江夏区而发展的，现阶段已吸引了无数的游客前去赏花、露营。

4. 交通优化

区位交通条件的改善可大大提升区域旅游的可进入性，为旅游产品或旅游线路的组合扩大空间，提升旅游线路组合的灵活性和选择性，有助于丰富和充实全域旅游产品的内容。例如，九寨黄龙机场的建成为人们游览九寨沟提供了新的交通方式。以往人们会担心交通条件或地质灾害等问题，对陆路交通的安全性不是非常信任，而用时短、相对安全的空中交通方式可以为游客提供比较快捷、舒心的旅游途径。交通要素的科学配置是全域旅游区建设所面临的重要问题。

六、空间相互作用理论

空间相互作用是指区域之间所发生的商品、人口与劳动力、资金、技术、信息等的相互传输过程。这对区域之间经济关系的建立和变化有着很大的影响。一方面，空间相互作用能够使相关区域加强联系、互通有无，拓展发展的空间，获得更多的发展机会；另一方面，空间相互作用又会引起区域之间对资源、要素、发展机会等的竞争，并有可能对有的区域造成损害。

区域之间能够发生相互作用需要满足以下两个基本条件。

（一）区域之间的可达性

区域之间的可达性，即区域之间进行商品、资金、人口、技术、信息等传输的可能性。一般来说，可达性受以下因素的影响。一是空间距离和传输时间。区域之间的空间距离和传输时间越长，进行经济联系就越不方便，为此进行的投入也会增加，因而，可达性就小；反之，可达性就大。二是被传输客体的可传输性。可传输性与被传输客体的经济运距有着密切的关系。由于受经济支付能力、时间、心理等方面的限制，各种商品、人口、技术等的经济运距是不相同的，即它们的可传输性存在较大的差异。被传输客体的可传输性越大，则可达性也越大。三是区域之间是否存在政治、行政、文化和社会等方面的障碍。如果区域之间存在经济保护壁垒、文化隔离、政治和社会方面的矛盾或冲突，可达性就小。反之，区域之间各方面的关系良好，可达性就大。四是区域之间的交通联系。交通联系方便、通畅，则可达性大；否则，可达性小。总之，区域之间的空间相互作用与可达性是呈正向关联的。

（二）区域之间的互补性

区域之间的互补性，即相关区域之间必须存在对某种商品、技术、资金、信息或劳动力等方面的供求关系。从根本上讲，只有区域之间具有了互补性，才有建立经济联系的必要。空间相互作用的大小与区域之间的互补性成正比。

这是指两个区域之间发生相互作用的可能性受到了来自其他区域的干扰。因为区域之间的互补性是多向的，即一个区域可以在某个方面与多个区域同时存在互补性，但该区域究竟与哪个区域实现这种互补性，取决于它们之间互补性的强度，强度越大则发生相互作用的可能性及程度也就越大。从中也可看出，由于干扰机会的存在，有互补性的两个区域之间也不一定就能发生相互作用。

总而言之，区域之间发生空间相互作用首先要存在互补性，可达性大，并且没有干扰机会或干扰机会的影响小。此外，第三方干扰也是影响相互作用发生的重要因素。只要区域之间相互作用的宏观环境是和平的，不存在第三方干扰，区域之间发生相互作用的机会就更多。

旅游业作为一种新的产业，其构成要素包括旅游者、旅游资源、旅游设施、旅游服务等，区域之间存在显著的差异性。旅游资源特色和差异是驱动旅游发生的本源性动力之一，也是区域之间相互成为旅游目的地和客源地的基本依据，亦是引起区域之间旅游流空间作用的物质基础。从本质上考察，旅游流是区域之间空间相互作用的重要表现。借鉴空间相互作用理论，可进一步揭示全域旅游内部互动与合作发展的内在机制。

七、核心—边缘理论

（一）核心—边缘理论基本概述

核心—边缘理论是1966年由美国区域规划专家弗里德曼在其学术著作《区域发展政策》一书中系统提出的。他认为任何一个国家都由核心区域和边缘区域组成，在区域经济增长过程中，核心与边缘之间存在不平等的发展关系，核心居于统治地位，边缘在发展上依赖于核心。

核心—边缘理论认为区域经济增长的同时，必然伴随着经济空间结构的改变。通过区域结构的转变将经济增长的空间动态过程划分为四个阶段：前工业化阶段、工业化初期阶段、工业化成熟阶段和空间相对均衡阶段。从总体上来说，核心—边缘理论提供了一个关于区域空间结构和形态变化的解释模型。归纳起来这一理论主要阐释了不平等关系、区域扩散、空间结构地位和共同发展这四个基本问题。

该理论起源于解决发达国家与发展中国家的关系问题中，世界上对核心—边缘理论的研究均侧重于国民经济的宏观角度，主要是运用该理论模型对区域经济发展产业集聚进行分析讨论。与之相比，我国在这方面的研究相对滞后。国内研究主要是将国外基本理论与改革开放的实践相结合，进行区域经济发展过程中的对策性研究，基本理论研究相对不足。我国学者的研究多是对该理论在假设条件上的变化调整或者扩展研究以及实证分析。对核心—边缘理论从开始的经济全球化、国民经济、区域经济发展战略的讨论，逐步向区域内部产业协调、区域之间相互协调研究转移。随着区域规划的发展，边缘化的概念被不断泛化，从刚开始在经济领域之间的讨论，不断向各个领域如人口、阶层、行业、移民等方面延伸。

（二）全域旅游核心—边缘理论

核心—边缘理论在全域旅游的空间布局和空间结构变化方面具有非常重要的指导意义。一个区域的旅游业在发展过程中，运用核心—边缘理论中的“多层级核模式”比较常见，运用“单核模式”和“平行多核模式”相对较少。由于中国一个城市或地区内的旅游资源丰富，而且其中一个旅游资源中又会派生出若干个子资源，这样，就形成了“多层级核”的结构模型。

“多层级核模型”，简要来说是不同的产业具有不同的市场可达性或者市场获得能力，因此每一个产业服务的市场半径就不同；同样，不同的区域也具有不同的市场潜力，市场潜力的大小决定了每一区域产业集聚的规模，市场潜力较大的区域其产业集聚的规模也较大。加之一系列政策的干预，如户籍制度的限制、不同的区域发展战略以及连接性基础设施投资在区域之间分配等，导致不同区域的要素流动性、内外部需求能力、产业集聚的规模以及贸易自由化程度等存在显著差别。“多层级核模型”是一个更符合中国空间经济现实状况的模型。事实上，中国当前已经形成了以多层级核心—边缘空间结构为主要特征的经济景观，呈现出以东部为核心的东—中—西部三大地带格局，在地带内部（如东部地带）又呈现出以经济发达的沿海地区为核心的沿海与内地之分，而在沿海地区又有以环渤海、长三角及珠三角城市群为主要经济增长极的核心与边缘之分。

“多层极核模式”在发展的初期，“中心核”必须聚集各种旅游的要素，必须让“中心核”成为该区域内旅游业的绝对中心。到了旅游业发展的中期，由于“中心核”的旅游要素过度集聚，旅游成本上升。直至旅游业发展的后期，过剩的旅游要素逐渐从中心城市向边缘区域扩散和转移，这就会促使边缘区域景区景点逐渐开发，交通与通信等服务设施逐渐完善，旅游收入增长速度逐渐加快，甚至超过中心城市，从而形成次级和再次级旅游发展核心。

在单个“多层级核模式”成功发展的同时，多个在地域上平行的核心—边缘体系区域，也会形成一种联动的发展效应。所以，在全域旅游规划过程中，核心景观或者核心功能服务区所组成的景观群落的规划至关重要。其不一定在地理上占据中心，但必须是该地域的功能中心，必须是该地域的精品。

（三）核心—边缘理论实际应用解读

该理论在实际应用时，还有一方面是“都市旅游圈”构造。“都市旅游圈”是指在空间结构上运用核心—边缘理论的结构特征，形成由内向外的“都市中心旅游圈”“环城游憩旅游圈”“远郊休闲旅游圈”圈层结构。人流互换呈现出“围城”效应。它带来的直接利益是，在集聚了众多旅游资源的中心区域发展不停滞的前提下，又促进了或者带动了原本旅游资源未被开发的中心区域边缘地带的旅游发展。在这样的良性循环下，该区域的旅游业将会得到快速发展，并形成核心与边缘共同发展的局面。

核心区域与边缘区域不只是控制和依赖的关系，它们之间形成的空间结构机制可以有效地应用于各个领域，尤其是目前案例最多的旅游规划领域。边缘区域潜在的效益和边缘效应的强弱得益于其所属核心区域本身的属性和规模，边缘区域的形态与效益直接反映出相邻异质主体空间的性质与发展动向。核心与边缘资源的空间互补特性、产品价格竞争的优势、旅游交通网络的建设及边缘区人口数量的变化等都与城市旅游核心—边缘空间结构形成及协同发展息息相关。这说明核心区域与边缘区域之间存在着引领与带动、平衡与互补、支持与发展的关系。据此，我们要理顺全域旅游合作与发展的空间关系，构建起合理的全域旅游空间结构秩序。

核心—边缘理论在试图解释一个区域怎样由互不关联、孤立发展，转变成彼此联系、发展不平衡，又由极不平衡发展为相互关联、平衡发展的内在机制，这对于全域旅游发展具有较大的解释意义和指导价值。

八、空间竞争理论

旅游地的空间竞争是由于多个旅游地在同一地域内出现而引起的，当多个旅游地在同一地域出现时，它们各自的吸引力往往会出现此消彼长或同步增长的动态变化和地域旅游市场结构的再组织。

旅游地空间竞争理论看似与全域旅游的研究无关，但是笔者在此处提出，就是想引起大家的注意，如何破除内部竞争，走向全域合作，提升旅游目的地的整体竞争力，这也是全域进行合作的基本原动力。旅游地空间竞争理论涉及如何解除内部竞争以提升整体竞争力，指出这在很大程度上要依靠制度创新、管理创新、产品创新、服务创新。显然，研究全域旅游，必须借鉴和运用好旅游地空间竞争的基本理论。

目前对于旅游地空间竞争的一般界定，主要揭示了空间竞争现象的外在表征——客源市场地域结构的变动特征，而这种市场结构的空间变化实质上就是竞争的结果。我国学者对于旅游地空间竞争的研究基本上是从 20 世纪 90 年代初开始的，研究内容及理论成果主要集中在旅游地空间竞争类型及竞争关系、旅游地空间竞争力及竞争优势这两方面。

（一）旅游地空间竞争类型及竞争关系理论

在旅游地空间竞争类型及竞争关系方面，我国学者基本上是基于对特定类型或特定区域旅游目的地的旅游空间竞争分析来进行研究的。保继刚先后对沙滩、喀斯特石林、名山、温泉等类型的旅游地进行了理论和实证上的讨论。其研究表明在一定区域内部同种类型的旅游地的空间集聚往往会引起旅游地旅游发展的此消彼长，旅游资源属性等因素会对空间竞争的结果造成影响。2008 年，保继刚又对长三角地区的四个典型次区域内的城市旅游地竞争关系类型和实质进行了客观剖析。

根据目前的研究成果，旅游地空间竞争主要分为两种类型：一种是替代性竞争，主要发生在资源类型相同或相似的旅游地即同类型旅游地之间，表现为一对旅游地的游客量此消彼长；另一种是共生性竞争，主要发生在若干资源类型有较大差异的旅游地即不同类型旅游地之间，表现为双方的吸引力因对方的存在而加大，呈现出互补关系。一般而言，旅游地的空间竞争主要是同类型旅游地之间的竞争，不同类型的旅游地在同一地域出现，主要产生互补关系。但由于旅游者旅行的空间尺度不同，对目的地选择的偏好不一样，不同类型的旅游地之间也会产生竞争。因而，竞争关系是客观普遍存在的。

（二）旅游地空间竞争力及竞争优势理论

国内学者在对旅游地空间竞争类型及竞争关系进行研究的同时，也对旅游地空间竞争力的影响因素和竞争策略做出了一系列的探讨。章锦河认为距离是决定旅游地之间空间竞争的性质与程度的关键因素。严春艳在对东源县与周边县市同类旅游资源之间的竞争特点以及东源县内部异类旅游资源之间的互补关系进行论证的同时提出东源县旅游发展对策。石婧通过分析四个丹霞旅游地的共性与各自的竞争优势提出建立丹霞旅游地多赢的可持续发展的空间竞争格局的有关战略及发展建议。唐继刚在总结旅游地空间竞争的层次、形式与影响因素的基础上，分析了岳西县与天柱山、天堂寨相邻风景区之间现实和潜在的空间竞争关系，并对其旅游业发展所需采取的竞争策略组合进行了阐述。在这些研究中，这些学者都不同程度地运用了以下几种理论展开研究，这些理论对于我们研究弱势旅游地的形成机制、发展策略等方面也有着重要的指导意义。

1. 比较优势理论

比较优势理论作为区域经济学中的一个重要理论，其实质是“一个地区利用具有比较优势的资源实现产品生产的特色化及成本化，进而在与另一个地区的市场竞争中占有一定优势”。以比较优势理论指导区域旅游资源开发，可以避免旅游地间的重复性开发，指引区域内旅游地结合自身优势资源开发各具特色的旅游产品，促使区域内形成一个良好的旅游地空间互补关系，所以比较优势理论对于旅游地资源开发具有十分重要的指导作用与现实意义。

2. 竞争优势理论

20 世纪 90 年代初期，迈克尔 · 波特在比较优势理论的基础上提出了竞争优势理论。竞争优势理论强调的是竞争主体的策略行为，体现的是一种使各种生产要素参与市场竞争的高层次理念。根据这个理论，区域旅游产业必须通过产业整体运作效率的提高来获得效益和发展。区域旅游产业的宏观效益更多来自系统的经济效益，而旅游经济效益的实现很大程度上依赖于系统经济的良性运转。

对于比较优势和竞争优势理论，笔者比较认同马勇提出的竞争力箭形概念模型，如图 2-8 所示，其认为“旅游地空间竞争力是旅游地空间竞争的主体在对具有比较竞争优势的资源占有的基础上，通过开发、创新、发展更具竞争优势的生产要素和生产环境，并向旅游市场提供高效用度和满意度的旅游产品和服务，由此获得较高旅游市场占有率的能力”。

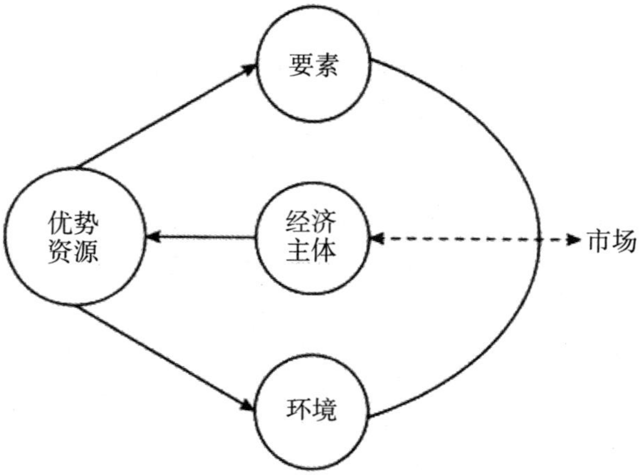

图 2-8　竞争力箭形概念模型

第二节　全域旅游的内涵解析

一、全域旅游的概念界定

目前，国内关于全域旅游概念的研究非常活跃。但由于全域旅游本身尚处于实践性探索阶段，其概念和理论尚无统一的结论。

全域旅游就是各行业积极融入其中，各部门齐抓共管，全城居民共同参与，充分利用目的地全部的吸引物要素，为前来旅游的游客提供全过程、全时空的体验产品，从而全面地满足游客的全方位体验需求。全域旅游所追求的，不仅是旅游人次的增长，而且是旅游质量的提升，追求的是旅游对人们生活品质提升的意义，追求的是旅游在人们新财富革命中的价值。

相应地，全域旅游目的地就是一个旅游相关要素配置完备，能够全面满足游客体验需求的综合性旅游目的地、开放式旅游目的地，是一个能够全面动员（资源）、立足全面创新（产品）、可以全面满足（需求）的旅游目的地。从实践的角度来说，以城市（镇）为全域旅游目的地的空间尺度最为适宜。

全域旅游是把一个行政区当作一个旅游景区，是旅游产业的全景化、全覆盖，是资源优化、空间有序、产品丰富、产业发达的科学的旅游系统。它要求全社会、全民参与旅游业，通过消除城乡二元结构，实现城乡一体化，全面推动产业建设和经济发展。

厉新建最早对全域旅游概念进行了界定，相应地，他还对全域旅游目的地概念进行阐述，即全域范围内一切可利用的旅游吸引物都被开发形成吸引旅游者的吸引节点，旅游整体形象凸出、旅游设施服务完备、旅游业态丰富多样、能吸引相当规模的旅游者的综合性区域空间，是以全域旅游理念打造的全新目的地。

四川大学杨振之教授认为，全域旅游的内涵主要包含五点：一是区域旅游资源富集而工业发展基础薄弱或受限；二是以旅游业为引导或主导，促进区域经济发展；三是以旅游业为引导或主导，在全域合理高效地配置生产要素；四是以旅游规划作为区域顶层设计，在旅游规划引导下实现“多规合一”，使“全域旅游”理念在城乡规划、土地利用规划、村镇规划、交通规划等方面切实落地，促使全域以旅游业为重心配置资源；五是适时、适度实施适当政策，改善基础设施和公共服务设施，保护自然文化和生态资源，增加公共旅游休闲福利，激发历史城区、小城镇和农村社区的发展活力，真正惠及社会全体成员。

吕俊芳认为全域旅游体现的是一种现代整体发展观念，区域各方面的发展应服务于旅游业发展大局，形成全域一体的旅游品牌形象。她还对全域旅游产生的理论基础进行论述，提出全域旅游开展所应具备的三个基础条件，即社会条件、人口条件和资源条件。

综上所述，笔者认为全域旅游是指，在一定行政区域内或者是一个地理板块和文化板块内，运用后工业化时代的发展理念，以旅游业为优势主导产业，实现区域各类资源（旅游资源、文化资源、行政资源、社会资源等）的有机整合，产业深度融合发展，社会共同参与，通过旅游业带动乃至统领社会经济全面发展的一种新的区域旅游发展理念和模式。该理念和模式，促使该区域成为全面动员资源、全面创新产品、全面发展产业、全面促进社会进步、全面保护资源与环境、全面满足移居者和定居者的生活与休闲活动，旅游业拉动社会经济发展效应明显的旅游目的地。

全域旅游通俗地讲就是全部区域一体化发展旅游，全域旅游发展战略秉承现代整体发展观念，突破景区局限，使区域建设、环境保护、交通运输、餐饮服务等各个方面都服务于旅游业发展大局，形成全域一体的旅游品牌形象。

二、五行八卦智慧解读全域旅游

（一）透过五行看全域旅游

简单地说，五行是指木、火、金、水、土五种构成物质的基本元素。五行学说采用取象比类的方法，将世上万事万物朴素地分为五类，在五行属性的基础上，说明和解释事物之间的相互联系和变化。

如果说，阴阳是古代的对立统一学说，那么五行是原始的普通系统论。五行智慧关乎自然的呈现与持续运作。五行智慧强调有机联系与整体概念，而全域旅游也是强调有机联系与整体发展的现代大旅游观念。全域旅游是将特定区域作为完整旅游目的地进行整体规划布局、综合统筹管理、一体化营销推广，促进旅游业全区域、全要素、全产业链发展，实现旅游业全域共建、全域共融、全域共享的发展模式。

1. 木：从旅游行业演进看全域旅游

木，所在方位是东方，性质是生发、条达。木者，树也，树结构（包括结点元素和分支关系）在客观世界中广泛存在，形象地表示了行业的演进。我国的旅游资源丰富多彩，但我国旅游业的发展经过了和其他一些国家不同的发展历程。大体来讲，我国先发展了服务于外交的入境旅游，然后随着经济的发展、各方面条件的成熟，发展了以产业经济为主体的国内旅游和出入境旅游。

自从 20 世纪 90 年代旅游业被确立为经济产业以来，直接经济功能一直是旅游业发展的首要功能。在国务院《关于加快发展旅游业的意见》这一文件中更明确赋予旅游业两大定位，“国民经济的战略性支柱产业和人民群众更加满意的现代服务业”，这主要是产业方向的定位。近些年来，随着大家对旅游业综合功能的认识深入，中国旅游“515 战略”（即五大目标，十大行动和五十二项举措）更强调了旅游业产业和事业并重的性质，全域旅游于是应运而生。

2. 火：从市场需求变化看全域旅游

火，所在方位是南方，性质是向上、激发。火，很好地象征了市场需求。需求的变化，犹如星星之火可以燎原。随着中国经济持续发展，人们的旅游需求也发生了重大改变，越来越多的人厌倦了走马观花式的传统的观光旅游，转而喜爱以休闲和娱乐为主的休闲度假旅游。相对于观光旅游而言，度假旅游是一种更高层次的旅游形式。现代旅游市场的变化，在游客旅游观念上有观光、度假、休闲的层次；在组织方式上，从团队旅游过渡到散客旅游、智慧旅游。另外，旅游的两大市场简单说是本地休闲旅游和异地旅游。因此，我们可以说全域旅游也是全域休闲。

3. 金：从旅游行政管理看全域旅游

金，所在方位是西方，性质是清静、收杀。金，很好地象征了行政管理。这些年，旅游行政职能从酒店、旅行社、景区、全行业标准化、智慧旅游的旅游行业管理发展到旅游公共服务、产业促进、市场监管三大职能。旅游行政管理部门对旅游业进行科学、有效的管理和调控。各部门级别不同、权限不同，管理的性质和内容也不同。从全域旅游的职能上来讲，文化和旅游部侧重于国家产业政策制定，省级旅游部门侧重于产业环境营造，市级旅游部门侧重于旅游目的地产业体系构建，而县级旅游部门的重点则是将县域作为一个整体的旅游区域来规划发展。

4. 水：从旅游经营管理看全域旅游

水，所在方位是北方，性质是向下、收藏，象征旅游经营管理。旅游经营管理主要是对旅游资源、旅游设施、旅游服务等旅游业赖以生存和发展的三大要素的经营管理。旅游经营管理的拓展，一方面是职能经营，侧重功能模式，如我们常说的对旅游吃、住、行、游、购、娱、商、养、学、闲、奇、情等要素的管理；另一方面是平台经营，主要是通过平台构建，经营一个区域旅游产业生态系统。

5. 土：从旅游体验构建看全域旅游

土，所在方位为中央，性质是长养、化育，象征旅游体验。旅游体验是一系列特定体验活动的产物，是由众多复杂因素构成的综合体，这些因素包括个人感知、地方印象以及所消费的产品等。以“体验”为经济提供物的体验经济是继农业经济、工业经济和服务经济之后的新经济形式。旅游体验以游客为中心，以游客为根本。旅游体验构建可从体验空间建设，即“地”的层面入手，也可以从体验情景建设，即“天”的层面入手，还可以从游客体验管理，即“人”的层面入手。“人法地，地法天，天法道，道法自然。”最终自然而然，在旅途中实现自我。

（二）以八卦智慧解析全域旅游

八卦在中国文化中与阴阳五行一样是用来推演世界空间与时间各类事物关系的工具。每一卦形代表一定的事物：乾代表天，坤代表地，艮代表山，兑代表泽，震代表雷，离代表火，坎代表水，巽代表风。八卦就像八只无限无形的大口袋，把宇宙中万事万物都装进去了，八卦互相搭配又变成六十四卦，用来象征各种自然现象和人事现象。八卦可以很好地用来解释全域旅游这一全新的发展理念。

1. 乾

乾是刚健旺盛之运动，如飞龙在天空飞舞。这个卦表示运气强，但升得太高，到了极点，也有下降失败的可能性。《易经》所说的“亢龙有悔”，就是教人得此卦时，虽然很好，但要谨慎，以免遭受损失。全域旅游发展首先明确一种“亢龙有悔”的心态，旅游行业突然被国家提到了制高点，成为战略性支柱产业，但是目前旅游行业的现实却显示，大众旅游的规模被充满水分的统计数字放大了，国民休假的制度还在制定过程中，国民的旅游意识仍在萌发中。旅游业有其自身的自然成长过程与规律，行政权力催发终将付出沉重的物质、财力、人力与生态的代价。在全域旅游问题上，学者的探索应慢慢来，不能让全域旅游在还没有成长起来的时候就达到了制高点。此外，乾亦指旅游景色的壮美。

2. 坤

坤指地，这个卦形象地说明当前的主客体关系状态。相对于我们所在位置来说，地是静止的，代表当前关系是静止状态，变化较少；地是广大的，地上万物生长，象征着当前关系比较宽松而悠闲。静止而广大这两个方面，组合在一起，形成一种比较稳定而宽松的关系。主体应当珍视这种关系，顺应形势，努力维持目前的状态。不过要注意，静止是暂时的，主体应当做好应对变化的准备。全域旅游就是在区域内营造一种休闲的氛围，各生产要素、各产业部门也是力求维护一种稳定且宽松的状态，彼此相互联系又不互相牵绊，将一个区域整体作为功能完整的旅游目的地来建设、运作。此外，坤也指旅游景色的秀美。

3. 艮

艮是山，艮卦谈的是如何控制自己言行，即当行则行，当止则止；当说则说，不当说则不说，一切必须审慎抑止为是。山也指稳定，政策要稳定，不能朝令夕改。一是在国家层面，顶层设计引领全域旅游发展的政策要稳定持续。二是在省级层面，发力推进全域旅游发展在区别对待的同时注重稳步前进。推进全域旅游，需要充分发挥省级政府的特殊作用，省级层面要在“统筹布局、突破重点、强化考核、调动市县、整合资源”等方面着力，成为全域旅游发展的中场发动机。三是在市县级层面，全力整合推进全域旅游发展要素，具体项目的具体规划期限不定，短长期规划结合，需持续观察。

4. 兑

兑即泽，泽是水。两泽相连，两水交流，上下相和，团结一致，同秉刚健之德，外抱柔和之姿，所以要流动灵活，因地制宜，因时制宜。首先，对游客和本地休闲消费群体而言，一个地方的全域旅游是否具有吸引力，核心在于有没有符合市场需求、能吸引消费者的旅游吸引物。因此全域旅游的开发必须立足于自身特点，从市场需求出发，开发相应的旅游产品。其次，全域旅游应该在适合旅游开发的区域内，立足地域特色，充分利用“旅游 +”的手段，实现有针对性的产品的创新。在全域范围内，寻找适合发展旅游业的关键节点，通过“旅游 +”的手段，把旅游业和不同产品业态进行创意组合，形成满足市场需求的有效供给。因此，“旅游 +”是手段、工具和方法，是政府做大、做强全域旅游的关键所在。

5. 震

震为雷。两震相叠，反响巨大，应居安思危，怀恐惧心理，不敢有所怠慢，遇到突发事件，也能安然自若，谈笑如常。震卦的震，是借雷震的震，但自然不当仅指雷震的震，它有一种震动、震撼、震惊、震慑综合的意思。全域旅游发展更是要随时保持警醒，居安思危。全域旅游参与人员众多，尤其要在全域旅游规划前期防范旅游安全事故。全域旅游是生态的旅游，要注意开发与保护相结合，规避侵害自然的行为，以免招致自然的反噬。

6. 离

离就是火，光明的意思，应把握中正的原则，不可投机取巧。应觉悟生死是自然常理，乐知天命，才不会因得不到而自寻苦恼。全域旅游是将整个地域作为一个旅游目的地来打造，势必要求全社会参与、全产业协调、全行业融合，统称为“旅游 +”。无论旅游与哪个行业融合，都要把握好该原则，不能本末倒置，总不能发展农业旅游，建好了农场，养好了奶牛，却不见游客前来。离就是火，光明的意思，全域旅游的管理涉及全产业，因此一定要透明且公开化。

7. 坎

坎，是低陷不平的地方，卦象是水，两滴水在一起，还是水，双方的危险和困难合在一起，还是危险和困难。应当谨慎行事，诚恳地维持与对方的联系，做到互利双赢，共同克服困难。如有些老、少、边、穷的地区，由于地域和经济的束缚，旅游业发展滞后，但这些地区往往是旅游资源富集、民族民俗风情浓郁、发展旅游独具优势潜力的地区，可以将全域旅游创建与扶贫攻坚有机结合起来，整合各种资源和资金，通过大力实施全域旅游战略，全面改善地区基础设施和公共服务，全面推进扶贫攻坚和精准扶贫，推动贫困人口在全域旅游发展中更多受益，促进当地居民在全域旅游发展中充分就业或创业，大力发展全域旅游共享经济，保障人民群众公平享有旅游权利，使全域旅游成果普惠广大人民群众。又如，大中型城市，环境遭到严重破坏，但往往又是主要的客源地，这些区域可以大力推进全域旅游战略，将全域旅游作为都市核心区提升优化的战略平台和实现路径，通过建设一批都市旅游示范区，使其成为城市社区、文化区、旅游休闲区、产业集聚区、现代商业区等多区功能叠加、和谐共享的新型城市。此外，特色小城镇、旅游风情小镇建设可以与全域旅游紧密结合，使全域旅游成为引领中小型城市提升发展品质的战略平台与抓手。

8. 巽

巽是风，谦逊受益。卦象曰："一叶孤舟落沙滩，有篙无水进退难，时逢大雨江湖溢，不用费力任往返。"全域旅游示范区的创建就是为了形成一种标准，形成一种全域风气，即在旅游行业形成新常态。

笔者认为旅游的本质是促进并服务于人的流动的产业。人是第一位的，也是最重要的。不断传承延续的文化是人类集体智慧的结晶。中华传统文化是鲜活的、不断发展创新的。国学思想传承到今天，也不仅仅是作为知识体系而存在的，更应该被人看成一种创新思维的方法和解决问题的工具。国学智慧用于现代旅游产业的发展，其想象空间是非常大的。在当今"互联网 +"时代，"大众创业、万众创新"成为国家战略的时期，国学智慧无疑将重构旅游行业新的体系，也必将开创智慧旅游的新境界。

第三章　全域旅游发展战略

第一节　全域旅游的发展核心与要义

一、全域旅游的发展核心：“六全”

（一）全空间

全空间的发展并不意味着要全面开发做旅游业，而是要形成“斑块—廊道”的发展格局，依赖良好的交通体系，增加产业点、延伸产业链、拓展产业面、构建产业群，形成若干旅游产业聚集区，打造各具特色的旅游主体功能区，形成若干具有资本聚集、项目聚集、客流聚集、消费聚集特色的旅游产业集群。

（二）全行业

全行业就是指旅游在整个目的地产业结构中具有突出的地位，是目的地未来产业发展的融合点、动力点与核心点。随着目的地产业结构的调整，目的地的工业、商业、房地产业、手工业等产业都可以打通与旅游业之间的关系，利用旅游业来改造、提升这些产业的附加值，通过产业融合来推动这些产业与旅游业的共同发展。

（三）全动员

全动员就涉及旅游拉动就业。旅游就业有一个特点，即阶段性就业很强，临时性就业很强，但这同样是就业。吸引目的地最广泛的居民参与到旅游业服务、经营中来，使广大的人民群众都能从参与旅游业中获得各自的利益，同时通过最广大人民群众的积极参与，提升目的地的好客度，全面提升游客的旅游体验，提高目的地旅游体验的满意度。

（四）全管理

在实施全域旅游的过程中，相关部门要发挥作用，提升效能，构筑发展平台，重视整合公共环境、公共产品、公共服务，构筑公共平台，提供社会服务，创造发展商机。相关部门应建立合理机制，由政府主导，部门支持，市场主体企业运作，社会参与利益分配，促进旅游业协调与和谐发展。

（五）全过程

所谓全过程，指从游客进入目的地开始，一直到游客离开目的地，在这整个过程中，目的地应能提供给游客的旅游体验，保证游客从一个体验点到另一个体验点的途中，旅游体验无处不在。因此，在全域旅游发展过程中，应该着力构建“体验点—体验线—体验面—体验场”的体验模型，既重视体验的过程管控，也重视体验的先期介入和后期调控。

（六）全结构

全域旅游发展的重中之重，在于旅游经济结构的调整，包括消费结构、市场结构、区域结构、城乡结构、投资结构、产业结构、产品结构、组织结构、运营结构、技术结构、人才结构和国际结构。旅游业做好结构调整，才能谋求长远发展。

二、全域旅游的发展要义：“六域”

（一）本域

全域旅游不只是指疆域，也指文化领域，注重本土化的文化传承，还原本真。习近平总书记说：“依托现有山水脉络等独特风光，让城市融入大自然，让居民望得见山、看得见水、记得住乡愁。”这充满诗意的表达引起了全社会广泛共鸣。“记得住乡愁”是全域旅游规划过程中地方县市旅游发展的重要原则，注重“以情动人”。“乡愁”是一种复杂的感情，有忧伤、有苦涩、有甜蜜、有温馨。“乡愁”是乡音、乡情、乡文、乡俗、乡景给人的一生留下的深刻印象。“乡愁”是一种怀古、怀旧、怀乡的情结，是一种对逝去的岁月、逝去情结的留恋。虽然旅游者去的不是自己的家乡，但他要找到那种感觉。所以“乡愁”

是每一个人根深蒂固的情结。这种“乡愁”虽然有些埋藏得很深、很久，但随时都在萌动。追逐“乡愁”是人们心中难以抑制的冲动。这就是中国人一到节假日就想回家的原因，也是中国人总想落叶归根的根本原因。

（二）逸域

这是指安乐闲适的境域。全域旅游强调旅游主体在旅游审美过程中，达到“心与物游，物我两忘”的境界，即审美主体全身心地去体验与感应自然，既不拘泥于自然山水的外在形态，也不囿于伦理道德的理性制约，把心完全融入物，物也完全融入心，从而达到物我融为一体的相谐境界。

（三）异域

《楚辞》：“有鸟自南兮，来集汉北。好姱佳丽兮，牉独处此异域。”王逸注：“背离乡党，居他邑也。”异域指他乡异地，旅游本身就是旅游者离开自己的常住地，为了满足其精神愉悦而探新求异的过程。全域旅游发展过程中要强调一个“异”字，异于他乡，改变原来在城镇化建设过程中千篇一律的模式化建设的现状。

（四）土域

这就是指疆域，除了行政区域的划分，还有地理区域划分、人文区域划分。全域旅游的发展，不同的地方可以采用不同的标准进行区域划分。例如，“中国土司遗产”项目申遗成功，就是突破了行政区域，三个省一起申遗，包括湖北唐崖土司城遗址、湖南永顺土司城遗址和贵州播州海龙屯遗址。

（五）静域

原是佛教术语，指庄严洁净的极乐世界，亦指僧寺等清净处所。用于此处强调全域旅游发展过程中注重游客体验，给游客清净与安宁，改变现在5A级景区那种拥挤喧嚣的状态，从心出发，以静为本，才能留住游客。

（六）界域

物质与非物质有不同的存在方式。这些不同决定了它们不可能与以其他方式存在的物质与非物质发生接触。而这些不同的存在方式称作不同的界域。界域强调在全域旅游发展过程中给游客留下独特印象，不只靠景观与景点的独特性，也可以通过服务设施的可识别性、文化习俗的不可替代性来形成一定界域。

第二节　全域旅游的“全”理念与思维突破

全域旅游把一个行政区当作一个旅游景区进行建设和提供服务。全域旅游要求域内各行业积极融入，各部门齐抓共管，全城居民共同参与，充分利用目的地全部吸引物要素，为游客提供全过程、全时空的体验产品，全面满足游客全方位的体验需求。

一、全域旅游的“全”理念

随着全域旅游概念的兴起，学术界关于全域旅游的相关研究日渐增多，大多以“全”为主要理念，其中最具代表性的核心观点如下。

（一）“四新八全”

厉新建重点研究了全域旅游应具备的核心理念，提出要有全新资源观、全新产品观、全新产业观和全新市场观的“四新”理念，提出了落实全域旅游理念的“八全”架构，即全要素、全行业、全过程、全时空、全方位、全社会、全部门、全游客，提倡产业融合以及游客与居民之间的交融，强调以景观要素为重转向景观要素与环境要素并重，形成“斑块—廊道”的发展格局，构建“体验点—体验线—体验面—体验场”的体验模型，使旅游产业转向旅游目的地和旅游经济。

（二）“四全”模式

汤少忠对“全域旅游”发展的时代背景进行了梳理，以重庆市渝中区为研究对象，提出了全域旅游全景、全时、全业、全民的“四全”模式。其中，全景即全域景区化以吸引游客；全时即全天候旅游体验和全感官项目设计，使旅游体验不分昼夜，以留住游客；全业即以旅游业为主导带动服务业与其他产业全业融合，提升传统产业附加值；全民即通过“全民共建＋全民营销＋全民共享”构建主客体共享的旅游目的地，实现旅游惠民、便民、富民。“四全”模式突破了传统旅游发展单一的局限性，让旅游事业与旅游产业同步可持续发展。

二、全域旅游突破“全”思维

全域旅游要尝试突破以“全”为主的思维，发展全域旅游不能面面俱到，应立足地方旅游发展条件和所处阶段，以市场为导向，寻重点，找抓手。

推进全域旅游有五点误区：一是推进全域旅游并不是到处建景点景区、到处建宾馆酒店；二是推进全域旅游，并不是到处进行旅游开发；三是不是所有地区都有条件在近期实行全域旅游，全域旅游要分步推进；四是推进全域旅游要因地制宜，突出特色，不可简单复制；五是全域旅游不可无序而为，一哄而起。

由此，全域旅游建设的工作重点、方法思路要根据不同区位条件、旅游资源及其发展阶段有针对性地制定，另外还要考虑其实现周期、难易程度的不同。因而，做全域旅游不能一味追求“全”，而要解放思想、有所创新，适时打破“全”的理念包袱，切不可盲目实现面面俱到，而要有的放矢，寻找合适的突破口，具体问题具体分析，以推动旅游业的可持续发展。

（一）发挥优势，以优带面

从实际来看，并不是所有地区都适合开展全域旅游，但对于有一定旅游资源的地区而言，如有旅游景观资源、人文历史资源、风俗人情资源，可结合地方特色，选择合适的方式、模式等来发展。因而，全域旅游要分步推进，可以考虑以“雁阵模式”打造区域内的旅游主打产品，旅游资源禀赋高、旅游产业覆盖面广，就有优势成为该区域的主导产业、主体功能、主打品牌，增强其核心竞争力。

（二）立足特色，融合发展

旅游业具有综合性，带动效果比较强，很多地区只看到短期利益，盲目开发，简单复制。然而，全域内并非所有区域都适合旅游开发，全景中也有非景观建设区，如若不惜血本地开展全域旅游开发和全景观化，显然不符合社会经济发展要求和规律，要从各地区的实际情况出发，积极探索独具特色的发展路径和模式，实施有针对性的举措。在进行顶层设计时，既要出台创建标准，树立样板，更要鼓励首创精神，避免千城一面、千景一格、千点一味、千域一样的呆滞状况，要形成色彩斑斓、百花争艳、各具特色、生动活泼的现代大旅游格局。百花齐放、丰富多彩才是全域旅游的魅力所在。

此外，推进全域旅游，就是要融合发展旅游业，使得旅游与城镇建设相结合，与美丽乡村建设相结合，与农牧业深化发展相结合，与扶贫攻坚工作相结合，与民族文化保护相结合，与自然山水保护相结合，通过“旅游 +”的手段，把旅游和不同产品进行创意组合，形成满足市场需求的有效供给。因此，“旅游 +”是手段、工具和方法，是政府做好全域旅游的关键所在。

（三）合理布局，优化配置

推进全域旅游并不意味着到处进行旅游开发，处处建景点景区、宾馆酒店等，而是更加关注景点景区、宾馆酒店等建设的系统性和规划布局的合理性。在全域旅游格局中，以游客体验为中心，以提高游客满意度为目标，按照全域景区化的建设和服务标准，整体优化旅游服务的全过程，做到处处都是风景而非到处都是景区景点，处处都有接待服务而非到处都是宾馆饭店。统筹发展，以实现全域景区内外一体化。

还应当注意的是，全域旅游强调旅游发展与资源环境承载能力相适应，以一种积极有效的开发性保护模式，通过全面优化旅游资源、基础设施、旅游功能、旅游要素和产业布局，更好地疏解和减轻核心景点景区的承载压力，更好地保护核心资源和生态环境，统筹规划建设，实现设施、要素、功能在空间上的合理布局和优化配置。

（四）跨界融合，多元营销

全域旅游就是以旅游业的发展来带动其他产业的发展，树立跨界融合的观念，切入点是做深度互动体验的向导，要满足外来游客的深度体验和当地居民公共休闲需求。跨界融合思维的运营模式包括：一是“旅游＋产品采集＋商贸洽谈＋论坛”模式，通过产品实现“旅游品鉴”；二是“主客共享”模式，让外地游客宜游，让本地居民宜居宜业，同时让游客走进当地居民生活；三是软实力营销，如“旅游＋体育＋文化”互动模式，如景区马拉松、环城环景区自行车赛等；四是创新评价模式，要用跨界融合思维对全域旅游进行效果评价，特别要考虑门票、酒店效益外的溢出效应。

全域旅游的营销重点是“生活方式的营销”，以用户的体验度和满意度来决定价值，避免千篇一律，要发掘特色。其营销应该关注两点。一是产品端。要统一思维，打造大旅游目的地，政府统一规划，统一营销口径、统筹协调营销渠道和资源，根据目的地资源、用户消费习惯、配合旅游行业的大数据进行旅游资源的整合、旅游产品的创新与开发、旅游从业人员的专业培训，真正做到从消费者的角度出发，为消费者量身定制旅游产品。二是客户端，除了在产品端方面为游客量身打造以外，还要从旅游的全程体验服务上为游客考虑，包括丰富的资讯，便捷的交通，特色的美食，舒适的住宿，专业的旅游从业人员，热情、有素质的当地人等，真正达到让游客深入体验当地生活方式，享受旅游，享受生活的目的。目前的旅游市场越来越细化，越来越多元化：旅游目的从单一的观光为主，升级为观光、休闲、度假并存的多元结构；对旅游出行组织方式的需求，从组团为主转化为自助、自驾、组团相结合；旅游人群也开始划分为儿童市场、学生市场、情侣市场、家庭市场到老年市场；旅游者的行为举止也极富个性。全域旅游的开发必须从市场需求出发，研究目标旅游市场的特征，开发相应的旅游产品。

此外，合作是全域旅游的核心观念。全域旅游是一种创新模式，在全域范围内，既要寻找适合发展旅游的关键节点，对于一些特色较相似的地区，又要联合发展，打造成一个区域旅游，在合作的基础上，再体现不同地区的生活差异，凸显全域自然、文化特色。全域旅游还可以打破地理界线、行政束缚，作为一种产业甚至区域合作模式，带动区域经济发展，最终实现从小旅游格局向大旅游格局的转变。这种合作模式是更为广义的形式，而不仅限于本区域内，是格局观的突破，也是区域发展走向成熟的标志，是旅游业提质增效和可持续发展的客观要求，也是世界旅游业发展的共同规律和大趋势，代表着现代旅游业发展的新方向、新动态、新需求。

第三节　传统旅游与全域旅游发展的战略体系

一、传统旅游发展战略体系

（一）需求型发展战略

需求型发展战略要研究和解决的核心问题是“投资有效期内市场的需求”。传统的旅游需求研究主要针对过去多年的现实消费进行分析研究，在假定收入边际消费倾向和产品边际消费倾向不变的情况下，稳定的消费行为会平稳地延续并成为未来消费的特征。

因此，在旅游地进行的客源市场抽样调查成为旅游需求研究的重要信息来源，而完全的需求信息应该反映更广阔的旅游出行地的需求信息，以客源地和目的地市场构成的信息才能全面反映市场需求信息。需求型发展战略研究重点解决如下问题：信息的真实性和有效性；面向投资的需求体系研究；以需求为导向的产品体系设计；以需求为导向的规划体系。

（二）资源型发展战略

资源型发展战略在现在或者未来仍然具有很强的现实意义。资源的挖掘与整理仍然是开发利用、塑造多样化旅游产品最便捷、最直接、最廉价的发展方式。旅游发展的关键并不在于资源发展方式，而在于因资源存在而形成的固化的开发利用模式。传统旅游发展中资源的开发模式在于将资源直接推向市场，之间缺少资源的整理和产品塑造环节。“我有什么”成为传统资源利用的最典型的逻辑范式。

这种逻辑范式具有两个弊端：一是我有什么，自然与你无关；二是我有什么，我就只能有什么。这样就形成了不能适应市场需求、一成不变的封闭格局，成为资源型发展战略的致命弱点。资源型发展战略应重点解决以下问题。

第一，区域资源评价标准体系，这种标准是可以横向比较的，这样就需要将现有大量定性的指标转换成为可以度量的定量指标，杜绝评价中的主观的评价方式和评价结论。第二，区际旅游资源替代与相互竞争研究，通过竞争研究建立旅游同盟和无障碍旅游区的联合竞争框架。第三，依托大众市场和共同市场建立以资源为导向的旅游产品体系。第四，建立资源供给型旅游发展规划体系和战略研究体系。

（三）投资型发展战略

在市场经济体系中，投资行为是由投资商来完成的。投资商在旅游投资选择中立足于三个方面。第一，项目投资经营。项目投资立足于企业对旅游市场需求信息的掌握情况，对在什么地方、什么项目和投资规模进行综合论证。企业的这种发展通常建立在企业项目发展战略和项目规划的基础之上，通过对项目所在区域比较优势资源组合、差异市场和细分市场论证，确立以项目和活动为导向的项目开发策略，制定项目发展规划和项目发展战略。第二，主题旅游开发。建立在区域特色资源组合、市场细分和差异市场的基础上，通过市场论证和资源论证，进行主题旅游开发，并确立以主题旅游为导向的旅游投资战略，制定主题旅游发展战略和进行主题旅游发展规划。第三，结合主题旅游战略和项目发展战略，制定“什么产品有哪类市场”的细分发展策略，实现投资战略。

二、全域旅游发展战略体系

旅游发展战略研究在新时期具有全新的战略意义，并将在旅游发展研究和旅游规划应用中承担起重要作用。在理论研究方面，战略研究更加关注旅游发展的趋势以及旅游业与其他产业、社会、环境、生态、文化传承等方面的综合作用，全面指导旅游研究与旅游发展方向；在旅游规划方面，旅游战略规划将独立于旅游发展规划和其他类型规划，成为政府宏观管理旅游业在定性质、定地位、定功能、定形象、定规模等方面的重要依据。

旅游业发展到现在，已经到了以全民旅游、个人游和自驾游为主的全新阶段，作为综合性产业在社会经济发展过程中发挥的作用和影响更加广泛，时代赋予旅游业的责任也空前加大，传统的以抓点方式为特征的景点旅游模式，已经不能满足现代大旅游发展的需要。现实要求我们必须从景点旅游模式转变为全域旅游模式，进行旅游发展的战略再定位。

新时代、新环境、新体制和新起点决定了旅游战略研究必须富有创新研究的理念、方法和体系。全域旅游就是指将一个区域整体作为功能完整的旅游目的地来建设、运作，实现景点景区内外一体化，做到“人人是旅游形象，处处是旅游环境”。全域旅游发展基本遵循以下三种架构：全域景区化、新型城镇化与美丽乡村、全域“旅游＋”。三种架构相互融合、共同作用，也可单独支撑，促成全域旅游的良性发展。

（一）全域景区化模式

全域景区的建设不等于全域内景区的简单加总，而是将景区自身的美学、文化、观赏、休闲价值扩展到整个区域。这种发展架构适合于环境优良的区域。与现有的景点景区相比，全域景区化具有整体美化区域、推进基础设施建设、促进服务水平提升、丰富旅游产品、延伸产业链条、增强区域竞争力和提升区域知名度等诸多好处，是发展全域旅游最根本的一点，当然也是最为艰辛、跨越时间最长的步骤，需要遵循发展规律，循序渐进地推进。

全域景区化的实现有两种模式：一是“精品景区＋精品线路”模式；二是全域无景区化模式。

1.“精品景区＋精品线路”模式

这适合于观光型的区域旅游，在区域内选择若干个精品景区进行重点打造，并将连接精品景区的线路进行精细化打造。精品景区包含自然生态型景区、文化型景区、商街城镇型景区以及人造景区等类型。

2. 全域无景区化模式

其表面上与全域景区化自相矛盾，实则是实现全域景区化的另一条途径，适合于不以观光为目的的区域旅游。在旅游对象较为广泛的前提下，其强调打破门票经济，采用开放式的经营方式，使旅游更加自由。全域无景区化崇尚到处都是停留点，随时都能成行，因此，对区域的景观打造、基础设施建设、旅游服务设施建设有着更高的要求。

（二）新型城镇化与美丽乡村模式

新型城镇化与美丽乡村建设是全域旅游开发的重头戏，强调用旅游产业引导城镇和乡村实现就地城镇化。具体的打造方式，是在区域内选择若干具有代表性的城镇和乡村，作为全域旅游在新型城镇化方面的突破口和切入点，按照“城乡一体、区域协调、城乡均衡、基本服务均等化”的原则，构建“向心发展、组团布局、统筹融合”的城镇发展体系，从全域产业布局、综合交通、公共服务、基础设施、生态环境、信息与社会管理等方面构建全域城镇化发展的支撑体系，着力打造集现代新城、活力新区、特色新街、优美新居于一体的新型城镇化结构，加快城乡一体化发展。

（三）全域“旅游 +”模式

旅游是一个无边界的产业。“旅游 +”，是多方位、多层次的，“+”的方式也多种多样。“旅游 +”以巨大的市场力量和市场机制，为所“+”各方搭建巨大的供需平台，“旅游 +”是实现全域旅游的最根本措施，也是推动区域经济转型升级的新引擎。

随着社会经济和旅游业的不断发展，“旅游 +”的内容会越来越多，各地“旅游 +”的内容也各有侧重、各有特色，需要因地制宜、因时制宜地选择“旅游 +”的优先领域重点突破。所谓“+”，可以是共同技术与市场基础的融合，如工业、农业等大产业，还可细化到创客、教育、文化、养生、养老、休闲运动等具体产业，也可以是路径依赖的融合方式，如互联网、交通、购物等关联性产业。任何一个所加的产业，都可以单独支撑起全域旅游的特色，也可相互叠加，起到更好的支撑作用。

第四节　全域旅游的战略构想和路径

一、全域旅游的战略构想

发展全域旅游本身就是发展理念的创新，也是发展模式的创新，是旅游业转型升级的新方向。走全域旅游的道路，就是要增强旅游业发展能力，拓展区域旅游发展空间，培育区域旅游增长极，构建旅游产业新体系，培育旅游市场新主体和消费新热点，实施旅游品牌驱动战略和创造旅游业发展新引擎。

（一）设施服务的安全便捷

全域旅游所带来的是居民生活方式的变革，这种变革使得旧式旅游服务不再能满足人们的出行需求。原有的“圈地式服务”使得旅游诉求都仅限于特定的空间与时间内，而现在旅游者更迫切要求的是一种“此心安处是吾乡”的旅游体验，所体现出来的是一种无所不在的服务。因此，发展全域旅游，首先要解决的是基础设施与基础服务问题。从交通到食宿、从虚拟搜索到现场服务、从经济成本到精神成本，都应该是我们关注的焦点，以满足旅游者多层次的需求，使其享受更加安全便捷的服务。

（二）管理思想的开放共享

开放发展是我国基于改革开放成功经验的历史总结，也是拓展经济发展空间、提升开放型经济发展水平的必然要求。共享发展是社会主义的本质要求，是社会主义制度优越性的集中体现。旅游业是综合性产业，主要从事招徕、接待游客的工作，为其提供交通、游览、住宿、餐饮、购物、娱乐等服务，概括起来就是起于旅游者虚拟搜索、止于旅游者结束旅行的全过程。这决定了旅游业的开放性和共享性。

全域旅游更加注重构建开放发展空间，打破地域分割、行政分割，摆脱各种制约，走全方位开放之路，形成开放发展的大格局，以实现旅游业综合功能，共享旅游业发展的红利，为居民（包括游客）共享美好生活、基础设施、公共服务、美丽生态环境提供便利。实行全域旅游，促进城乡旅游互动和城乡一体化，不仅能够带动广大乡村的基础设施投资、道路建设、农田改造等，提高农业人口的福祉，缩小城乡差距，还能提升城市人口的生活质量，并形成统一高效、平等有序的城乡旅游大市场。

（三）资源配置的绿色协调

绿色发展是实现生产发展、生活富裕、生态良好的文明发展道路的历史选择，是通往人与自然和谐境界的必由之路。实行全域旅游更加注重社会发展各类资源和公共服务的有效再配置，有利于发挥旅游业作为资源节约型、环境友好型产业的优势，强调的是既宜居又宜游，处处是风景，处处可旅游。发展全域旅游，融入了可持续发展的理念，贯穿了人地和谐相处的思想，把生态和旅游结合起来，把资源和产品对接起来，把保护和发展统一起来，将生态环境优势转化为旅游发展优势，创造更多的绿色财富和生态福利，为社会提供舒适、安全、有利于人体健康的产品的同时，又以一种对社会、对环境负责的态度，合理利用资源，保护生态环境。

协调发展是全面建成小康社会的重要保证，是提升社会发展整体效能、推进各产业全面进步的有力保障。全域旅游推进旅游业协调发展，实现从原有的单一景点景区建设和管理到综合目的地统筹发展转变，意在破除景点景区内外的体制和管理壁垒，使得旅游基础设施和公共服务建设从景点景区拓展到全域。此外，发展全域旅游有利于统筹实施供给侧结构性改革，促进供需协调；有利于推进乡村旅游提质增效，促进城乡协调；有利于完善产业配套要素，促进软硬件协调；有利于提升整体服务水平，促进规模质量协调。

（四）建设规划的全面系统

传统规划大多各自为政。以旅游交通服务为例，公路有公路的规划，铁路有铁路的规划，民航有民航的规划，各有各的枢纽，各有各的标准，很难做到互通有无。发展全域旅游，就不能再沿着传统规划思路，必须改革创新社会经济发展规划理念，将旅游规划理念融入社会经济发展全局，将旅游资源与其他资源合理配置，推进多规合一和公共服务一体化。

全域旅游模式的规划与景点旅游模式的规划不同，其不只是规划景点景区、宾馆饭店，而是以游客体验为中心，以提高游客满意度为目标，按照全域景区化的建设和服务标准，系统全面规划景点景区内外协调发展，整合各类资源要素，优化旅游服务的全过程。例如，从景点景区和城市的旅游厕所革命拓展为景点景区内外、城乡一体推进的全面厕所革命。

在管理体制上，全域旅游强调综合效应，表现为综合产业发展和综合执法需求，以增强治理能力，实现区域综合化管理。围绕形成旅游市场综合监管格局的目标，创新旅游综合执法模式，消除现有执法手段分割、多头管理的体制弊端，最终构建全域大旅游综合协调管理体制。

二、全域旅游的战略路径

（一）产业围绕旅游转

旅游业综合性强、关联度高，与许多产业相互关联，这就决定了旅游业不可能游离或独立于其他产业之外自行发展。全域旅游中的产业不再局限于传统的“六要素”中，强调全城的旅游化融合、旅游化升级，通过旅游发展产业化，产业发展旅游化，丰富旅游产品，扩大旅游产业规模，同时促进相关产业链条的拉长和产业的升级增值，形成真正的大产业格局。

加强旅游业与商务、文化、农业、教育、建设、环保、发展和改革、体育、医疗卫生、金融、电信等部门的合作，加快发展旅游会展、旅游文化、旅游信息服务、旅游航运、旅游金融、旅游专业服务、旅游农业等产业融合的重点领域，可以加快培育新的产业空间，形成新的消费热点，形成新兴的交叉优势产业，从而延伸出产业链的全域化，进而拓宽全域产业面、深化集聚全域产业群。充分发挥旅游业的融合功能，以旅游产业全域辐射带动、组建形式多样又独具特色的产业融合模式，充分利用各地方的区位条件、景观资源禀赋、社会经济条件，有利于实现旅游业包容性发展。同时，其又融合了当地相关产业，拉动地方经济、彰显地方特色，有利于实现旅游业的可持续发展。

（二）产品围绕旅游造

发展全域旅游，不再是传统旅游“走点”“串线”的“点线”观光旅游模式，随着旅游者的见识越来越广、休闲舒适性要求越来越高，景点景区观光已经无法满足其旅游需求，旅游目的地产品势必进行创新，必须从传统的思维模式中跳出来，对市场需求深度把握，以匠人精神提供让市场惊喜的极致产品、服务及体验。

以资源为依托，以市场为导向，以开放为契机，以创新为动力，采取政府主导、社会参与、市场运作、文化带动等措施，开发整合现有旅游资源，合理分类“引客—迎客—留客”资源，加速形成旅游区域多核中心，进一步增强旅游产业的核心竞争力，着力建设主打旅游产品，实现产品围绕旅游造，促进产品的全域化发展，彻底改变原有景点景区开发各自为政，“小、弱、散、差”的开发格局，通过全域化的旅游产品打造，集中力量，使资源优势向产品优势、市场优势的转化。

（三）服务围绕旅游配

全域旅游所提倡的服务，在服务的规模、氛围、品质等方面都突破了传统旅游区和非旅游区的二元服务结构，旨在构建全域一体化的服务体系，以多核驱动，循序带动，营造全网络化、全过程的立体空间服务氛围。

立体化时空覆盖表现为，利用旅游资源打造多元立体化旅游产品，充分考虑“自驾游时代”“风景绿道慢行时代”特征，通过提升公共服务质量及构建高铁、高速公路、航空、水运等立体、综合、快速交通运输体系，搭建立体化游览框架，实现全域立体化时空旅游格局。旅游全过程服务以智慧旅游为手段，全域无线网络覆盖，智慧旅游设施逐步全域覆盖，打造“行前＋行中＋行后”

的全程化服务，整合分散的旅游需求和供给，实现线上与线下互动。以体验服务为核心，践行多增长极和旅游发展轴的思想，促成优势资源与要素的点、线、面立体式聚集，形成主题鲜明和特色突出的旅游结构与业态配置，创新自驾车旅游、个人游等自助服务体系，提供全域式体验服务。

实施全域旅游发展战略，有必要进行旅游公共服务体系规划，以提升全域旅游服务氛围与服务品质，完善现代旅游服务体系，提升全域旅游目的地的软实力。

（四）环境围绕旅游兴

随着旅游者消费层次的提高及旅游产业基础设施的日趋完善，游客对目的地旅游环境的适宜性、休闲体验性、绿色环保性有了更高的要求，他们不仅重视旅游目的地的经济接待能力，更注重目的地优越、舒适的旅游环境所带来的心理愉悦。

旅游环境包括自然环境（涉及生态环境和自然资源）、社会环境（即人文环境、经济环境、当地旅游业管理和服务状况、游客与居民心理和治安环境等）和人工环境（主要指供水供电设施、交通设施、通信设施及旅游服务设施等）。全域旅游注重旅游目的地的可持续发展，通过弥补自然环境、提升人文环境、改善经营环境、完善市容环境、强化休闲环境、优化交通环境、协调景观环境，严格保护环境，形成好的发展环境，以“环境变革”为驱动因素提升城市服务品质。旅游目的地通过绿化工程、治理工程和搬迁工程注重城市环境质量，既保持全域自然资源的完整性，又促进整体环境优化，使旅游目的地“青山绿水”发挥“金山银山”的作用，使绿色生活成为常态。

旅游环境作为旅游活动得以存在和进行的外部条件的总和，使人们在开展旅游活动时产生美感，并获得精神与物质享受。全社会的生态环境保护和建设，节能减排及资源节约型社会的建设和城乡环境、交通环境的美化都将构成全域旅游的生态环境和自然人文景观的基础，从而提高旅游目的地形象的吸引力，提升游客的满意度，这同时也是共建美丽中国的有效途径。

第五节　全域旅游发展的未来展望

全域旅游是将特定区域作为完整旅游目的地进行整体规划布局、综合统筹管理、一体化营销推广，以旅游业为优势主导产业，实现区域资源有机整合、产业深度融合发展和社会共同参与，通过旅游业带动社会经济全面发展的一种新的区域旅游发展理念和模式。因而我们可以说，全域旅游是一种理念，是区域发展的先行指引，决定区域战略目标的前瞻性和世界性，体现了发展观的价值取向。全域旅游是一种追求，是游客对于出行体验的追求，是居民对于生活质量的追求，是政府对于区域发展的追求，是企业对于自我发展的追求。全域旅游是一种生活，代表当下的生活理念与生活品位，融合了生活文化与生活方式。

以前，我们发展旅游业，以建景点、景区、饭店、宾馆的“景点旅游”模式推进，造成各景点景区的封闭建设。全域旅游将原有“单一型”景区打造成为联动型和扩散型景区，做到景在城中，游在城中。旅游不再是点、线结合，而是点、线、面相互渗透，互为表里。

作为供给侧改革的重要方式之一，全域旅游得到需求侧发展的推动。从游牧社会、农业社会、工业社会、后工业社会，到我们未来要追求更高生活质量的社会阶段，旅游的需求会越来越旺盛，旅游方式和旅游地位也会发生变化。团队旅游时代的旅游体验，其质量可以通过节点的管控来加以控制和保障，而散客旅游时代由于游客行动空间的分散性，加大了旅游体验质量的保障难度。散客旅游发展潮流所推动的全域旅游发展，要求旅游行政管理体制的及时调整与创新。一方面，旅游区域的政府主导应该更多地突出旅游目的地公共服务体系的建设；另一方面，需要及时调整旅游行政管理体制，以强化政府对公共资源的调控能力，通过资源协调、服务对接等具体措施来保证全域旅游理念的实施。

全域旅游是一种大的战略。现在国家对旅游业发展的期待越来越大，期望旅游业能起到更好的带动作用。在全面发展的过程中，如何凸显旅游产业的中心地位，如何形成一个良好的产业生态，以开放共享的姿态去推动旅游业发展，是非常重要的命题。全域旅游作为共享经济的一种全新模式，一种体验化的生活方式，更有助于推动机制变革，提高资源配置效率，增强游客和当地居民的幸福感。全域旅游会打造成一个有板块、有廊道的网状格局，构建一个全新的旅游发展生态圈，放大目的地原有的核心竞争力，从而形成旅游目的地新的竞争力。未来全域旅游发展过程中的旅游不再简单围绕着价值链展开，而是在整个产业群落的网状互动中提质增效，以功能性强调资源配置关系，以共享性促进产业融合，以智慧化打造市场平台，以动态性推动协同创新，以“旅游＋”实现优化升级。

第四章　全域旅游发展配套设施建设

第一节　基础设施建设

一、旅游基础设施体系构成

基础设施体系泛指国民经济体系中为社会生产和再生产提供一般条件的部门和行业，具有公共性、两重性、系统性、长期性、间接性等特点。旅游基础设施体系主要由以下几个方面构成。

（一）交通设施规划

1. 旅游交通设施概述

旅游交通设施体系建设是旅游基础设施体系建设的核心部分，是国家或区域社会经济发展的先行条件，如公路、铁路、航空、水运相结合的安全、便捷的旅游综合交通运输网络，以及通往各旅游景区的高速公路、等级公路网，各旅游景区内部的交通运输设施，旅游集散点的旅游休憩设施，旅游停车场等。旅游交通运输的基本要求是便捷、通畅、经济、安全。旅游交通系统规划的任务是在全国统一交通运输网建设的指导下，根据地方旅游发展建设的需要，以及区域内自然地理条件和旅游空间布局的特点，选择合适的交通运输方式，各种运输方式之间合理分工协作，有秩序地构建区域交通综合网络。一般地域范围越大，交通设施规划内容越宏观，仅侧重于该地区交通骨架、交通枢纽以及交通网络布局的规划。

2. 旅游交通设施规划的方法

旅游交通设施规划的步骤是，首先要进行游客运输和交通网络布局的现状调查与分析，再进行未来客运量、流量、流向预测，然后进行运输网规划。旅游交通设施规划主要有以下几种方法。

①图上作业法。通过各种图片和照片，可以了解路网现状、地理环境、经济布局，进行路网结构调整和初步规划选线。

②实地调查法。交通线路和运输量的现状调查、吸引范围的调查、交通量实测、起讫点调查、居民出行调查、选线勘察等可为现状分析和远景预测提供第一手资料。

③统计分析法。通过对统计资料进行分析，为交通现状特征研究和远景规划提供数量依据。如利用客运量历年增长法、交通线路密度法等，可进行交通量和线网密度预测。

④计量模型法。运用经济计量学原理和计算机技术，建立各种数学模型，可以用来进行结构分析和经济预测，如利用线性回归法分析并预测未来客运量，利用动态规划法求解最短距离，利用投入产出法在部门间平衡预测客运量等。

（二）电力设施规划

电力是国民经济的动力能，是一种清洁二次能源，便于传输、转化和控制。电力设施规划应以全域旅游范围内供电系统为基础，结合当地电源和电网现状，计算用电量和分析用电负荷结构，依据社会经济发展和旅游活动对用电量的需求，制定出全域旅游目的地的电力设施系统规划。

电力设施规划的基本任务是确定电源，布置电力网，以及决定电力网的电压等级，电厂、变电所和配电所的位置、容量、数量，电力网的走向，电力负荷等。旅游地的电力规划要保证景区各部门用电量增长的要求，供电容量应有弹性，满足用户对供电可靠性和电能质量的要求，制定近期、远期规划。

（三）电信设施规划

电信设施可以保证游客对邮政电信的需要。全域旅游目的地游客对邮政电信设施的要求一般比较高，游客需要方便、快捷、安全、准确的电信设施体系，因此全域旅游目的地的邮政电信要求技术先进、质量优良、灵活性强、业务齐全、体系完整。电信设施一般要求具有长途电话、市内电话、信件邮寄、电报、传真等服务设施，并注重无线通信、可视电话、网络等信息技术的应用。电信设施规划的原则是，在保护当地自然景观的条件下，满足游客各项旅游服务的需要，解决景区的通信问题，合理布局通信网络，使旅游区域电信设施达到全方位的服务标准。

电信设施规划的基本要求包括以下几点：架空线路与电缆埋设相结合，使其不破坏全域旅游景区的整体风貌；为保证游客国内与国外的通信畅通，建立完备的国内与国外通信网络；建立全域旅游区内部通信网络；在景区内部设立计算机终端中心，进行控制及管理。全域旅游目的地的电信设施规划要以节约资金、挖掘现有潜力为指导原则，逐步建立起先进的通信网络。

业务预测包括用户预测和话务量预测。用户预测主要指标是电话普及率和主线普及率。话务量预测主要指标是通话次数、时长和频率。

（四）网络规划

网络规划主要内容有中继网规划、用户线路规划、管道规划、传输规划等。本地网的中继线中，居间中继线占绝大多数。用户网是把话机终端连接到交换局，一般通过地下或架空电缆连接，大多数由用户交接箱连接主干线路和配线线路。管道网是由各交换区用户管道网和连接各交换局的中继电缆管道网构成的，其埋设位置和走向受自然地形和道路管线工程影响，形态不一。

（五）给排水设施规划

给排水规划主要内容包括现状分析给排水设施、给排水量预测、水源地选择给排水系统组织、污染源预测及污水处理、工程投资计算等。

全域旅游规划中的给排水设施布局应符合以下规定：在全域旅游景区范围内，不得布置暴露于地表的大体量给水和污水处理设施，在旅游村镇和居民村镇宜采用集中给水、排水系统，主要给水设施和污水处理设施需要安排在居民居住的村镇附近。旅游地的供水规划应根据规划中各功能分区规划方案同意安排的原则，确定各分区供水方案。供水规划的主要任务是估算用水量、选择水源、确定供水点以及合理布置供水管网，以满足游客和居民的用水需求，旅游地用水的水质标准应符合国家生活饮用水的标准。

1. 水源地的选择

选择水源地时，水源的水量，应能满足城镇或居民点的总用水需求，并考虑到城镇和居民点近期和远期的发展。天然水源的水量，可通过水文学和水文地质学的调查勘察来了解。在选用地表水时，一般要求 95% 保证率的枯水流量大于总用水量。

2. 给水管网布置

用水区分散的地方，可采取分区、分层就近供水的方法布置管网。用水量集中的旅游接待中心，可设隐蔽性水厂，应尽量避免在缺水区域设置用水量集中、用水量大的旅游接待等服务设施。对于高山水资源缺乏区，应因地制宜建设蓄积雨水的蓄水库，利用地形修建高位水池。对于水资源缺乏的地段，避免设置用水量大的设施，并充分利用雨水，也可结合当地的实际情况考虑水的利用问题。排水规划步骤如下。

①污水量预测。按用水量的 80% ～ 85% 计算，或工业污水和生活污水分别计算。

②污水管网规划。根据全域旅游目的地地形和水网划分排水区域，确立排污管走向、断面、泵站位置。

③污水处理厂设置。一般选择距旅游地一定距离的河流下游。雨水排放按暴雨强度公式估算排水量，设计排水管网，排入河道。

污水的排放标准跟生活用水量定额基本相同，要按照最新制定的污水排放标准来执行，一般采用江水和污水分流排放制。

降水排放遵循散水与蓄水并重、综合治理的原则。降水就近用明渠方式排入河沟溪涧，或进行截留蓄水，使降水能够被科学地利用，如二次利用、补偿水源或用作灌溉。在许多旅游区域内，降水往往是旅游资源的重要组成部分，如瀑布、山涧、溪流、湖泊等都离不开降水，旅游景区开发时应很好地利用和保护。

旅游地的污水排放因地形复杂，排放点分散，常采用就近处理后排放的方法，有条件的地方还可以将处理后的污水多次利用，用来灌溉农田、果园、苗圃、林木等。污水排放量大的景区，需要联合各区域建设污水处理设施，经集中处理后一同排放。旅游地的污水有三级处理方式，全域旅游发展的指标要求较高，需要达到三级处理标准。

二、旅游基础设施体系建设的努力方向

国内大部分景区的旅游基础设施体系虽然已经建立起来了，但是自身还存在很多问题，主要是现代旅游交通运输网络尚未形成，旅游公共信息平台尚未实现联网，旅游导引系统不够完善和规范，旅游景区整体环境形势严峻。如果这些问题得不到解决，那么必将影响全域旅游的发展，影响国内旅游业向更高质量和水平发展。

（一）构建“安全、便捷、舒适”的旅游交通体系

完善现代旅游交通运输网络是旅游基础设施体系建设的核心和基础。首先，

以航空、铁路、公路为主体，构建“安全、便捷、舒适”的旅游交通、旅游集散中心是全域旅游交通体系良性运营和发展的必然条件。旅游集散中心是在游客流量集中的地方设立的方便旅游者的客流集散地，它以电子网络为中枢，以功能完善的旅游车站为核心，以与旅游发展相适应的旅游交通网络为纽带的综合性服务设施。其次，全域旅游目的地应设立旅游集散中心，组建旅游服务机构，下设旅游服务中心、旅游车辆调度中心、导游调度中心、客房调度中心、旅游产品研发中心，开通直接通往全域旅游目的地的城市旅游直通车，加快旅游发达城市的机场建设，增强地方航空港的对内吸引能力和对外辐射能力；建设铁路，进一步增强和扩大旅游城市铁路交通的对外辐射能力和辐射范围。最后，完善目的地公路交通设施，进一步完善市域高速公路体系，完善公共交通系统和配套停车区域，建好旅游集散中心，开通通往主要景区的旅游专线，整合水上交通方式，全面提升旅游区（点）的可进入性。

（二）整合全域旅游资源，实现全域范围联网

全域旅游目的地要建立健全集住宿服务、咨询服务、集散功能和调度功能为一体的旅游信息支持系统，整合旅游咨询中心、旅游集散中心和旅游呼叫中心的资源，实现“三大中心”联网。旅游咨询中心要以旅游咨询中心的站点为基础，以咨询服务标准为规范，以导引标识系统和信息网络为支撑，构建全域旅游咨询体系，为游客提供咨询服务，受理游客旅游投诉，收集游客反馈信息，为游客提供旅游引导以及网络、电话、柜面咨询服务。建立设施完善的旅游集散中心，通达主要旅游景区，并与周边省（市）联网运行。在整合各旅游要素的基础上，搭建旅游销售平台，每天定点发送旅游班车，方便散客出行。游客可以在集散中心任意选择、组合旅游线路，自主安排旅游行程，真正享受到自助游的乐趣。建立有效运行的旅游呼叫中心，为游客和居民提供旅游信息和 24 小时投诉受理服务，构建旅游企业与居民、游客的有效沟通交流平台，提高旅游管理部门提供投诉、咨询等公益服务的效率和透明度，实现服务方与被服务方双方信息对称，让居民、游客和旅游服务企业在公平的原则下享受全域旅游信息化带来的便利和效益。

（三）优化、完善和规范全域旅游导引系统

优化道路交通旅游导引系统，在城市交通网、高速公路网、区域路网通往旅游区（点）的出入门处设置旅游导引标识，在汽车站、火车站、航空港、江海港等游客入境的地点设置完善的旅游导引标识和旅游信息查询系统。完善城

市交通导引标牌，使之便于识别、查询，将旅游区以及旅游六大要素纳入城市地理信息系统，为旅游者提供导引信息服务，在全域旅游景区用多种外文文字制作引导标识。这样形成具有特色的系统，引导旅游企业逐步实现旅游导引出版物和信息服务的标准化、简便化，使旅游者可以通过网络迅速获得旅游信息导引服务。

（四）加大旅游资源保护和环境治理力度

将全域旅游发展与生态环境保护有机结合，实现旅游经济效益、社会效益和环境效益的统一发展。要强化“环境兴旅”“生态兴旅”的意识，坚持“环境优先、节约优先”的方针，积极发展循环经济。加强旅游与相关部门的环保合作，实施旅游景区生态恢复与环境保护工程，加大旅游景区及其周边环境整治力度，降耗减排，减少污染，美化旅游环境。加大旅游厕所建设力度，以国家A级旅游景区、全国工农业旅游示范点为重点，新建、改造旅游厕所，实行厕所革命，须达到国家星级厕所标准。影响旅游景区整体环境的服务设施要迁出或拆除，鼓励在旅游景区内使用旅游环保观光车等。

第二节　服务设施建设

一、旅游服务设施体系概述

旅游服务设施体系的建设是发展旅游业的先决条件。旅游服务设施是游客集散的中心场所，是构成景区旅游业正常运营的基础要素。旅游服务设施主要是指为游客提供各种服务的场所，主要包括住宿服务设施、餐饮服务设施、购物服务设施和娱乐服务设施等。

旅游服务设施是直接为旅游者提供服务的设施，如住宿设施、餐饮设施、游览设施、娱乐设施等。旅游服务设施的布局一般应遵循以下原则：不破坏环境；不破坏旅游资源和景观；方便游人；体现地方特色；设施要同旅游中心城镇的旅游服务设施统筹考虑，尽量以其作为依托。

除了游览设施外，其他旅游设施的布局也应考虑：尽量避免在游客集中的地方；尽量不要在河流的上游；尽量不在上风方向；其他建设和建筑不能对景观造成破坏；尽可能在居民和游客稀少的地方。

二、旅游服务设施体系建设

（一）政府供给层面对策

1. 加强旅游信息服务体系建设

信息资源是21世纪重要的资源，网络信息贯穿于各个行业之中，旅游行业也是如此。旅游信息服务体系包括旅行社信息、游客在线咨询平台和现场窗门咨询平台等，是一个集多种资源于一体的系统。这套系统具有许多优点，既能为游客提供在线服务，又能为其提供线下咨询服务，能将声讯服务系统和互联网服务系统结合使用，将文字、图片和声音信息处理后传递给游客。该套系统功能齐全、操作方便快捷，可同时服务于全域范围内的游客。全域旅游应该满足游客多样化、个性化的需求，通过利用“互联网＋旅游”，为游客提供高品质、现代化的服务，最大限度地满足旅游消费者的需求。将信息技术融入旅游业，在提高社会资源使用效率的同时，适应全域旅游对信息技术保障体系的要求。全域旅游时代的到来，是现代旅游业发展的重大变革，是粗放大众式的传统旅游业向集约个性化方向发展的结果。全域旅游包含以下几方面的内容。第一，针对游客个性化、多样化的需求，为游客提供定制服务，适应目前旅游新常态的市场特征。第二，为旅游相关企业和辅助企业提供服务，尤其是为基于智慧云计算的众多中小型旅游企业提供技术支持和服务。第三，用全域旅游推动其他服务的改进，如银行金融服务、邮寄快递服务等。加强旅游信息服务系统体系的建设使全域旅游覆盖面和辐射范围更广。

2. 加大对旅游公共服务事业的投入力度

旅游公共服务设施影响到旅游服务整体的质量和水平，因此，改善和提升旅游产业服务体系对全域旅游的发展而言是非常重要的。旅游公共服务体系必须建设与之相匹配的旅游公共服务配套设施，建立与旅游市场和消费者需求相吻合的、与战略性支柱产业相匹配的旅游服务设施体系，增强全域旅游目的地的旅游服务核心竞争力，赶超同行、追求卓越，打造世界先进一流的旅游服务体系。

全域旅游目的地要本着全方位服务游客的理念，加大财政资金的扶持力度，全力打造一流的现代旅游服务机制，提升全域旅游景区在游客心目中的形象。在交通服务体系建设上，政府可以通过招商引资加大资金投入力度，在全域范围景区兴建高速路口衔接主干道，在知名度高的景区可考虑建设高铁站点及机场，逐渐形成旅游中心城市。通过改善全域旅游目的地交通环境来缩短游客时间成本，提升旅游景区综合服务质量。此外，政府还应该完善全域旅游范围内的自驾游服务体系和露营服务体系，如山西省太原市晋源区利用“清凉胜境”旅游形象，在景区内建立一些集体避暑胜地与露营场所，并且形成了不同的主题露营基地，如婚礼露营基地、篝火露营基地、垂钓露营基地等，在完善旅游服务体系的基础上，体现了对生态环境的保护理念。

总之，加强旅游服务基础设施建设，扎实稳步推进旅游公共服务体系建设是全域旅游发展的必要条件。

（二）企业供给与产业环境层面对策

1. 改革管理体制，转变运行机制

转变发展模式和改革管理体制是促进全域旅游发展的重头戏。在原有旅游资源的基础上进行深加工、再创造，提升旅游资源的吸引力和使用效率，完善旅游产业创新机制，努力适应现代消费者需求。首先，组建旅游企业集团，促进旅游企业的专业化、定制化、集团化，使企业形成凝聚力和合力，增强企业核心竞争力，促进产业融合发展。全域旅游企业应按照现有企业的组织状况和发展模式，按照市场要求，有计划、分步骤地发展成为大型旅游集团。其次，强化对景区的管理。逐渐明确责任、明晰产权、科学管理，鼓励资金雄厚、技术过硬及管理卓越的旅游相关企业进行投资参股，逐步建成集多元化、立体化、全面化为一体的产权模式和投资发展模式。

2. 制度创新，构建现代企业管理模式

旅游企业应该调整思路，转变观念，按照现代企业管理模式发展壮大，进行企业管理制度创新和人力资源创新，从全域旅游发展需求和消费者的消费习惯出发，建立健全的全域旅游服务人才培养管理及人员配置机制，努力适应全域旅游市场人才专业化要求；在完善当前消费者最为关注的旅行社、餐饮、住宿和导游等服务的基础上，加快露营地建设和游客中心建设，不断建立和完善旅游目的地网络通信体系、货币支付兑换体系及交通工具租赁体系等。

第三节　辅助设施建设

全域旅游目的地的建设除了要做好基础设施与服务设施的保障之外，还要加强对旅游辅助设施的建设，旅游辅助设施包含的范围主要有旅游标识系统规划、旅游环卫设施规划以及旅游安全设施规划，鉴于旅游安全设施规划将会在后面章节详细阐述，本节只介绍旅游标识系统规划与旅游环卫设施规划。

一、旅游标识系统规划

（一）旅游标识系统的概念与功能

旅游标识在旅游业中被普遍运用，涉及旅游过程中的食、住、行、游、购、娱各领域，与旅游供求双方关系密切，但最广泛运用的还是旅游景区。景区旅游标识系统属于旅游景区解说系统的范畴，是解说系统中最基本的形式。旅游标识是景区产品和服务的构成要素，具有明显的实用功能。旅游标识在景区起到了指引、策划和组织游客旅游行为的作用，具有旅游活动导引、旅游活动和旅游者管理、旅游者和旅游从业者宣传教育以及旅游景区活动、项目和设施设备使用的解说等基本功能。按照景区类型、规模和运营模式的不同，旅游标识会相应地发生一些变化，因此，旅游标识还具有一些扩展功能。如有些景区（主题公园类）设计的旅游标识就有意鼓励游客参与景区管理，或是激发游客的某种情趣，以促使游客参与某项旅游活动。另外，旅游标识有时候也会成为景区内的旅游吸引物。

（二）全域旅游标识系统的规划思路

1. 严格规划旅游标识系统

在全域旅游的建设中，要按照5A级旅游景区标识系统规划设计的标准和思路，要求各种引导标识（包括导游全景图、导览图、标识牌、景物介绍牌等）在方便游客顺利完成全域旅游的食、住、行、游、购、娱等要素的同时，可以提高其休闲游览质量，可以打造美丽城区、美丽乡村，打造全域景区，将全域空间以精细贴心的方式展现在游客面前。具体而言，各种引导标识规划设计的要求有：外形精美别致，体现当地特色，具有较强的艺术感和文化气息，烘托全域整体环境；要方便易懂，为各种类型游客提供方便，并将标识系统安排在景区合理的位置；选材具有较高档次，具有生态性，与当地景区环境相协调；

信息内容完整，根据景区具体客源情况可以使用多种常用外文和中文相对照。

2. 文化融入旅游标识系统

文化是全域旅游的灵魂，是体现旅游在不同地区差异性的关键。全域旅游标识系统要成为特定的视觉符号，是区域形象、特征、文化的综合浓缩，要求融合当地旅游文化背景，按照本地文化设计旅游标识系统，将旅游地区独特文化应用到全域旅游标识系统规划设计当中。以城市全域旅游标识系统为例，有关学者从旅游文化软开发的角度，提出“文城四宝”的概念，即城市绰号、城市格言、城市勋章、城市庆典。我们不妨把“文城四宝”的概念引入全域旅游标识系统的规划设计之中，通过对全域旅游目的地主题相关的文化旅游标识系统设计，结合与旅游地主题相关的特色构建创意建筑物、特色文化休闲功能设施，以及组织主题文化活动，让游客感受到一个具有鲜活灵魂的全域旅游空间。

3. 将旅游标识系统打造为吸引物

在全域旅游标识系统规划设计过程中，标识系统一方面要满足最基本的功能，即起到很好的引导作用，使游客对当地旅游对象的形象、空间位置以及整体环境进行了解；另一方面，标识系统本身也是全域旅游景区的一部分，可以作为旅游吸引物，可以作为全域旅游地面貌和文化的代表，给游客带来具有独特印记的旅游体验，实现全域范围内，处处是吸引物。在这方面，英国伊甸园的旅游标识系统设计做得比较突出。具体而言，旅游标识系统的规划设计是旅游体验设计中“视觉设计”的重要方面，旅游标识今后的建立要成为全域旅游体验设计中的一种吸引点、兴奋点以及体验线索。总之，要像设计旅游规划项目那样，将全域旅游标识单独进行设计。

4. 利用标识系统开展“二次营销”

“二次营销”指对已经来到旅游目的地的游客再次进行的营销。全域旅游标识系统不仅仅局限于对游客在旅游交通上的引导，还可以充分发挥自身的特点和优势，对已经来到全域旅游目的地的游客进行旅游消费行为的合理指引和旅游项目、旅游产品的推销，开展全域旅游“二次营销”，实现全域旅游效益的最大化。全域旅游“二次营销”标识系统，针对各个具体的旅游消费项目，以游客所在位置附近的，最具有吸引力的旅游消费项目为主，突出品牌旅游消费项目，对游客进行信息传递，在景区停车场、游客服务中心、休憩场所等游客停留时间较长的地点，要重点配置吸引游客空余时间注意力的旅游“二次营销”标识系统。

5. 旅游标识系统融合城乡空间

城乡空间，既是本地居民生活工作之所，也是外来游客旅游休闲之处。全域旅游标识系统同时具有两种功能：一是为本地城乡居民日常生活提供便利；二是向游客全面呈现本地旅游信息，为游客提供便捷服务。笔者认为，全域旅游标识系统的规划设计应以创造游客与居民舒适生活氛围为目的。在全域旅游标识系统的规划设计过程中，要充分考虑全域旅游环境下城乡发展的不同利益主体的诉求，还应在标识系统的设计过程中，尊重本地居民的意见，让本地居民接受并喜欢这些旅游标识。

6. 创意融入旅游标识系统

在全域旅游标识系统的规划设计之中，要将创意融入其中，要通过巧妙构思、不懈创新，打破传统思维的桎梏，从时间、空间等各种角度深入研究，设计出想象力丰富、充满情感、让游客印象深刻的旅游标识，并要恰如其分地表现全域旅游景区的特点，使旅游标识与区域自然文化特征产生共鸣，交相辉映，真正地打动游客，在游客心中留下地标性印象。目前，我国旅游标识系统规划设计普遍缺乏创意。国际上有一些创意较好的旅游标识设计，如英国兰兹角“陆地的尽头”标志牌，是比较有启发的案例。很多旅游标识也需要体现自然、环保、文化、多彩等旅游情景。好的创意，会使信息传播更有效、更持久；好的创意，能拉近当地居民与游客之间的心理距离。清晰、醒目、色彩鲜明的旅游标识系统是旅游活动顺利安全进行的重要保障。

二、旅游环卫设施规划

（一）垃圾中转站

垃圾中转站的推广和运用，既美化了环境，又杜绝了二次污染，减少了蚊蝇的滋生，提高了车载效率，减轻了工人劳动强度，大大降低运行成本。全域旅游目的地需要全面考虑游客的感受，为其提供一个环境优美、舒适，让游客产生家的感觉的旅游目的地。垃圾的及时、合理处理尤为重要。垃圾中转站也应该随着景区服务质量的提升，达到更高的效率标准，如环保型地下隐藏式垃圾中转站、地下隐藏式压缩垃圾站。运用新型垃圾中转站，不但垃圾转运的效率高、规模大、自动化程度高，而且由于配备了垃圾站污水处理设备，污水和臭气得到及时有效处理，防漏措施到位，避免了异味及病菌，消除了垃圾的二次污染，可以极大地改善周边的空气质量。

现代化已经走进了垃圾处理工作，但是如上述的垃圾处理方式在中国还只是很少的一部分，因为中国地域辽阔，很多城市、村镇、景区还是垃圾如山，做着最原始的处理工序：焚烧和填埋。对垃圾进行分类处置，把可回收的垃圾进行回收再利用，对不可回收的垃圾进行焚烧发电或加工成肥料，如用厨房垃圾去饲养一些有清道夫作用的虫子，像黄粉虫吃掉生菜叶和一些剩菜，就会减少垃圾处理时间，饲养的黄粉虫还可以作为饲料养鸡。垃圾处理实现现代化还需要时间，需要全域范围内人民共同努力。

（二）垃圾箱

垃圾箱首先要方便使用，其次是和环境相谐调。中国的许多垃圾箱首先注重的是美观，并不方便使用。外国垃圾箱的门都很大，往里面倒垃圾十分方便，一般里面都放有垃圾袋，又方便环卫工人清理。其实垃圾箱的设计也能体现出人性化，尤其是在景区。

1. 简便性的需要

在使用产品的过程中，用户都会有追求操作简便、快捷的实用心理。随着现代科学技术的不断发展，产品结构变得更为简洁，功能也更为全面，垃圾箱的设计上一定要考虑其易用性，有机结合人体工程学原理，还要考虑到大众性，不能单单为了特殊人群而设计，一定要考虑它的实用性和普遍性。Simplehuman 公司的自动感应垃圾箱设计，就能够让我们平时扔垃圾也变得更加人性化，具备感应功能的垃圾箱最初处于“时刻准备着”的模式，它感应的区域集中在盖子上方，所以走过路过的游客并不会引起它的注意，只有真正来扔垃圾的人才会进入它的感应范围，并触发感应装置轻松地打开盖子，等游客将垃圾丢入垃圾箱体内，它将会进入“任务”模式，扩展它的感应区域，然后更高效地捕捉游客的行动。

2. 安全性的需要

安全性的需要最直接的含义就是避免危险，它是个体的行为目标应该指向安全，避免行为给人带来的身心伤害。垃圾箱在景区内的数量多、分布广，因此在使用时我们一定要考虑它的安全性，如垃圾箱的棱角要光滑。同时，我们要注意避免灾难的发生，材料一定是不易燃烧的，避免烟头等投入其中引发景区的火灾。

3. 外观与景区环境相协调

垃圾箱是不起眼的城市公共用品，但对于游客来说，它是一个接触频率很高的城市“界面”。在满足最基本的功能之外，垃圾箱的设计应该与景区的环境协调融合。如成都的垃圾箱，拒绝了简约的现代工业风格，而坚持融入传统元素，时时刻刻提醒着人们：你所在的城市，是一个具有悠久历史的文化古都。

自贡恐龙博物馆——主题与垃圾箱特色。自贡恐龙博物馆内的垃圾箱是以博物馆恐龙为主题而设计的垃圾箱，上面雕刻着馆内陈列的部分恐龙形象，生动可爱。

乐山大佛景区——历史与垃圾箱特色。乐山大佛的垃圾箱由古装打扮的人样石像背着，颇为有趣。一些垃圾箱的外观是谦卑的小和尚，甚是奇妙。

垃圾箱的存在不仅仅是为了保护环境，景区内的垃圾箱就应该代表着这个景区的特色。

（三）旅游厕所

厕所革命是全面贯彻旅游发展五大理念的具体措施，是实现全域旅游的必经之路。随着全国范围内厕所革命的开展，政府及游客越来越重视景区的厕所质量，厕所的建设也成为衡量一个景区规格的重要标准。全域旅游目的地内的厕所建设可以采取以下对策。

1. 鼓励机关厕所向游客开放

随着旅游散客化时代的到来，旅游厕所与社会性的非旅游厕所边界日渐模糊，政府可在摸清旅游厕所存量的基础上，鼓励社会厕所向公众开放。政府机关、企事业单位在不影响正常办公的情况下带头推动自有厕所向公众开放。对向公众开放厕所的企业或者个人，考虑从税收等财政手段予以补贴。另外，相关部门还应把旅游厕所开放度纳入旅游市场秩序评价体系中，相应地提升其在考核中所占分值。

2. 处理好厕所数量和品质的关系

旅游厕所的评定，要先看一个景区旅游厕所数量是否充足，再看旅游厕所质量是否达到要求。西部偏远地区、一般农村地区和全国重点旅游景区，要对厕所的数量和质量提出明确的要求。对条件较差的区域的旅游厕所，重点明确基本标准，如保证男女厕隔离、基本的蹲位、冲水设施等。东部发达地区的旅游厕所，则要达到优良的标准，除了基础设施完备以外，还要做到干净无味、数量充足等。

3. 既要人性化也要加强科技应用

农村地区的旅游厕所建设，需要发挥村党支部书记、村委会主任的带头作用，发挥乡村旅游示范户的带头作用。改进、完善旅游厕所标识系统。导游词中加入文明如厕、厕所位置指示等内容。系统制订旅游厕所革命相关的新技术指导目录，组织相关机构和研究团队开展科技攻关。指导参与智慧旅游系统研发的相关企业部门开发旅游厕所应用程序（APP），前期政府投资，免费下载，激发游客的使用积极性。

4. 政府资金投向要有所倾斜

我国各地经济发展不均衡，也决定了各地旅游厕所革命的难易程度不同，我国在厕所革命过程中，首先应解决中西部旅游厕所问题。中西部旅游资源丰富，一些农村地区拥有丰富的自然资源和历史文化资源，但景区厕所数量严重不足。中国旅游发展基金拿出一定比例的资金用于资助扶持西部地区、乡村旅游厕所的建设，同时引入一部分农村城镇化建设资金用于旅游厕所的建设管理。

5. 推动社会及商业性资金注入

要探寻多种路径来让社会及企业资本注入旅游厕所的建设，可采取广告招租、优先进入项目引导目录等方式。组织社会各界人员到以商养厕做得好的旅游厕所进行实地勘察，并找专业人员将旅游厕所的建设经验写成专题报告，向行业推广。推动社会尽快建立旅游厕所管理公司，有关部门在该类公司建立初期应给予政策资金上的倾斜和扶持。

6. 制定旅游厕所维护标准

向麦当劳、肯德基等快餐店学习厕所管理经验，制定旅游厕所维护标准，将执行标准纳入景区评定系统等相关考核中。对重点地区的旅游厕所维护进行暗访、暗查等不定期的动态监管，同时借助社会媒体监督方式。

7. 文明如厕纳入游客行前教育

文明如厕的相关要求要纳入旅游团队行前教育和在线旅游企业为散客旅游提供的旅游提示范畴。在导游资格考试中，设置相关的学习内容。高校在旅游专业教学中应开设旅游厕所相关课程。将旅游厕所建设和管理专业人才纳入旅游人才库。在文明如厕的教育内容中，加强对特殊群体使用便利性的重视，在旅游厕所的建造使用过程中，要考虑如残障人士、老人、小孩、孕妇等特殊群体，减少旅游厕所使用中的“歧视”或者“不公平”现象。在亲子游中，教育父母指导儿童文明如厕。在男女厕所的使用上，要适当增加女厕面积和蹲位，可考虑单独设立机动厕所，用以解决旅游旺季女厕所人满为患的问题。

第五章　全域旅游发展保障体系建设

第一节　政策法规保障体系建设

“依法治旅”是管理和发展旅游业的基本策略，在社会主义法制建设过程中起到重要作用，是建设社会主义法治国家的有机组成部分。例如，《中华人民共和国文物保护法》《中华人民共和国土地管理法》《中华人民共和国环境保护法》《中华人民共和国水污染防治法》《中华人民共和国森林法》《中华人民共和国野生动物保护法》《中华人民共和国城市规划法》《中国优秀旅游城市检查标准》《旅行社管理条例》《娱乐场所管理条例》《风景名胜区管理条例》《森林公园管理办法》等法规，以及全域旅游发展中需要重视的《中华人民共和国旅游法》《中国旅游强县标准》《国家级旅游度假区评定标准》《乡村旅游示范村评定标准》《全国旅游标准化发展规划（2016—2020）》都是各地在全域旅游实践中需要认真贯彻执行的。各地在发展全域旅游过程中，在执行各种政策法规时不同程度地存在很多问题，因此全域旅游发展的政策和法规保障是应当引起高度重视的。

一、全域旅游法规保障体系

全域旅游的发展涉及许多利益层面的关系，这些关系的确定和协调不仅受到市场机制、行政机制以及文化机制的控制，还十分依赖于法律法规的制约。旅游法规作为旅游发展的保障系统，其运作主要通过调整旅游法律关系来达到推动旅游事业更快发展的目的。所谓旅游法律关系是指，由旅游法律规范调整的当事人在旅行游览、旅游开发规划和管理过程中所形成的具有旅游权利和旅游义务的社会关系。其主体包括旅游行政管理部门、旅游企事业单位及开发商、旅游者、旅游组织等几类。其客体则包括实物、货币、行为及非物质财富等几类。建立健全各项旅游法规，实施“依法治旅”有利于将旅游市场秩序以及旅游市场竞争环境变得更加公平、公正、公开，对规范旅游业的健康发展有着极其重要的意义。旅游法规一般包括以下五类。

（一）旅游管理机构方面的法规和文件

这一类主要有国务院办公厅发布的《关于成立国务院旅游协调小组的通知》《国家旅游局职能配置、内设机构和人员编制规定》以及文化和旅游部对当前旅游体制问题改革的主要指示。

（二）旅游饭店管理方面的法规和文件

旅游饭店管理方面的法规和文件以经国务院授权公安部并且由公安部发布执行的《旅游业治安管理办法》为主，另外还有《关于建立饭店管理公司及有关政策问题的请示》和《关于下放三星级饭店审批权限的通知》等。

（三）旅行社管理方面的法规和文件

这一类主要有国务院颁发的《旅行社管理条例》，国家旅游局发布的《关于外国企业在中国设立常驻旅游办事机构的意见》《旅行社质量保证金存取管理办法》等。

（四）导游人员管理方面的法规和文件

这一类主要有经国务院批准，由国家旅游局发布的《导游人员管理暂行规定》《关于颁发中华人民共和国导游证书的暂行办法》等。

（五）旅游业务经营管理方面的法规和文件

这一类主要有经国务院批准，由国家旅游局发布的《关于加强旅游工作的意见的通知》，国家旅游局发布的《关于重申加强边境旅游工作管理的通知》等。

二、我国旅游政策法规发展现状

旅游业作为我国日渐兴起的行业，虽起步较晚，但发展速度较快，在旅游政策法规方面，国家积极建设和制定旅游法律法规体系，各地积极响应、较好落实和执行国家相应政策，但由于处于初步建设阶段，旅游发展状况地区差异性明显，重视程度不同；我国旅游执法主体主要以各级政府的旅游行政主管部门和法律法规授权的行政机关为主，旅游执法难度较大，执法环境有待提高；政策法规所涉及的奖惩方面约束较小，对于不遵守规则的单位处罚力度小，而对于积极响应政策法规的单位与个人缺乏相应的奖励措施；旅游企业管理不统一，多个不同的政策法规出自不同的部门，不能灵活地应对高速发展的旅游行业；现实行的旅游政策法规建设多侧重于整体性，专项政策法规较少；前后出台的部分政策法规或部分内容有一定的不协调性，法规的整理与废除管理机制不健全。

三、全域旅游立法和执法建设

首先，积极贯彻执行国务院以及各级政法部门所制定的全域旅游发展政策。各地区政府应立足于地区旅游资源，结合当代全域旅游的新形势、新情况，因地制宜地制定相应的法律法规，结合当地旅游资源的保护、开发、利用和管理情况，建立可持续发展的生态全域旅游，使旅游产业成为长青产业，为地区长远发展做出贡献。

其次，加强旅游行业的全域管理，坚持“依法治旅”，加强旅游执法力度，严格执法。加强全域旅游相关政策的执行力度，其主要包括：《中华人民共和国旅游法》《中国优秀旅游城市检查标准》《中国旅游强县标准》《国家级旅游度假区评定标准》《乡村旅游示范村评定标准》《全国旅游标准化发展规划（2016—2020）》等对区域内的旅游景区、旅游环境、旅游设施及公共服务等进行规范化管理。加强安全、卫生、服务质量的监督与保障，不定期组织公安、卫生、物价、旅游等部门对区域内的旅游景区、旅行社、旅游宾馆、饭店等的安全、卫生、服务质量进行全面检查。

最后，结合本地的实际发展情况制订详细的全域旅游发展实施方案，确保全域旅游实现标准化宣传、推介和检查。

四、全域旅游环境下政策法规的改革

（一）全域旅游环境下的政策法规要求

1. 落实旅游用地差别化管理

根据《关于支持旅游业发展用地政策的意见》可看出，目前国家层面已经初步形成了旅游产业用地政策改革创新的思路框架。旅游饭店管理方面的法规和文件以经国务院授权公安部并且由公安部发布执行的《旅游业治安管理办法》

《关于建立饭店管理公司及有关政策问题的请示》和《关于下放三星级饭店审批权限的通知》等为主。同时，在旅游建设用地方面，加强对农村集体土地、贫瘠土地的重点开发，多重渠道建设旅游用地，大力提倡“长期租赁、先租后让、租让结合”的土地利用方式，使农村土地利用方面富有弹性，有效地降低企业用地成本，增加旅游企业的效益，激发企业对农村旅游业的投资热情。

2. 积极利用涉旅产业政策

全域旅游的发展同各个政府部门与各个产业之间是息息相关的。积极利用旅游产业与其他产业融合所产生的良性效果，加快提高旅游产业在融合产业中的主导作用，建立各产业联动机制。通过旅游业与各产业的有机结合，尤其是对农、林、牧、渔、金融、教育、文体等产业专项政策中与旅游产业相关政策的利用，形成各产业发展支撑旅游产业的发展、旅游产业发展带动各产业的高速发展的新发展形式，促使旅游产业与其他行业产生最大的经济效益与生态效益，推动地区可持续发展。

3. 优化创新资源保护政策

保护资源在全域旅游中处于核心地位，因此在加快全域旅游发展过程中，应首先加大力度保护资源，把摸清文化遗产、自然物种、生态环境、农耕民俗等工作放在首要位置。在合理利用资源方面，应将资源视为公共资产加以管理，其核心是产权管理。对资源的保护要制定科学的技术政策和经济政策及相关配套的一系列创新政策。这样才能更好地保护资源，也才能使资源得到可持续发展，增强资源的生命力。

规划地区全域旅游，应梳理地区全域资源，建立有效的资源管理机制；建立和完善资源保护政策支撑全域旅游的各项工作的实施，通过健全的法律法规体系，保障对全域资源的合理开发与利用；加快建成农业资源、森林资源、湿地资源、野生动物资源、水资源以及古部落资源高度联动的局面，使各种资源更加有效利用，演化出新的业态、新的产品、新的模式，为全域旅游的建设起到坚实的作用。

4. 全方位提供税费减免优惠

在重大旅游项目的投资上，相关部门应多加制定能减轻纳税人缴税负担的优惠政策，应实施在某个特定时期内免除税收，或者减免一部分税收等政策，用以促进重大旅游项目的投资。同时，政府应提倡将旅游产业税收尽可能用于当地旅游产业的建设工作中，尤其是对当地民俗特色的建设，双方相互促进，最终加快全域旅游的建设速度。

（二）全域旅游环境下政策法规保障体系建设

1. 深化旅游标准化改革

完善旅游标准化体系、管理体制，解决旅游产业发展与旅游体系、管理机制不协调的问题，着重改革旅游标准化体系与管理体系，通过创新体制改革，建成科学合理的旅游机制，充分加强多元化投入机制与旅游市场化在旅游产业中的作用，进一步发挥市场在资源配置中的决定性作用，充分发挥政府的保障作用，发展旅游团体标准化，放开搞活旅游企业，激发旅游市场活力，保证旅游标准化的基本供给，增强旅游业发展的创新驱动力和技术支撑力。

2. 完善旅游标准化体系

服务于现代旅游业提质增效、转型升级和创新发展的需要，遵循系统性、协调性、完整性和开放性原则，加大旅游业标准制定、修订力度，进一步扩展旅游业标准的覆盖领域，建立旅游业自愿性标准和技术法规标准，并使之覆盖全面、有机衔接，构建政府主导制定标准与市场自主制定标准协同发展、协调配套的新型旅游标准化体系，为了更好地适应、引领、规范和促进旅游业发展奠定坚实的基础。

3. 提高旅游标准化质量

为了满足现代旅游业增值提效、转型升级以及产业创新的需要，应做到系统性、协调性、完整性与开放性四者的有机结合，通过加快旅游标准化体系改革；扩大旅游产业的影响范围，将旅游标准、旅游机制以及旅游产业的执行建成高效的联动局面，使三者协调发展，更好地发挥作用，为适应、引领、规范和促进旅游业发展奠定坚实的基础。

4. 增强旅游标准化实施效果

这是以提升旅游标准化工作的有效性为重点，加强旅游标准管理，提高管理的科学化、规范化水平。加大旅游标准化实施力度，完善旅游标准化运行机制和协调机制，进一步加强地方旅游标准化工作，发挥旅游企业在旅游标准化实施中的主体作用，提高旅游标准化试点示范水平，强化旅游标准化绩效评估和信息反馈工作，增强旅游标准化的实施效果。

5. 务实旅游标准化基础

加强旅游标准化基础能力建设，逐步完善旅游标准化相关政策法规和规章制度。健全各级旅游标准化工作机构，加强旅游标准化、信息化建设，构建权威高效的旅游标准化信息公共服务平台，提升旅游标准化服务与管理水平。加强旅游标准化理论研究，构建标准化的科研支撑体系，加强标准化的人才队伍建设，完善标准化的人才教育培训体系，为旅游标准化提供有力的科技和人才支撑。

第二节 市场保障体系建设

旅游市场保障，即旅游市场营销保障，是全域旅游开发与经营战略的核心。我国旅游业面临很多挑战。旅游业全球化趋势加速，市场日趋成熟，互联网技术的飞速发展等因素给旅游带来的影响越来越被业内人士所重视，同时由于供给侧改革需要以及旅游业新常态的到来，旅游业亟须改革升级，全域旅游要想适应旅游业大环境趋势就要制定正确的全域市场营销战略。

一、营销战略创新与市场定位

市场营销战略是为了达到市场营销目标而制定的重大方案，是一个地区或某一旅游企业，在市场营销观念的指导下为实现发展目标，在某个市场上相当长一段时间内能干什么、怎么干的总体设计，是旅游市场营销过程中的最重要的环节。而全域旅游作为一个新时代区域联合发展的改革模式，通过对全域旅游目的地各种内部优势和外部环境的正确分析以及对旅游市场需求和趋势的整体把握，制定出合理、新颖的全域旅游营销方案尤其重要。这要求在经营决策过程中依据全域旅游市场细分，确定全域旅游目标市场，做好全域旅游市场定位，从而充分利用适合自身发展的市场机遇，避开不利于自身发展的威胁。面对目前国内外旅游市场需求的不断更新和需求日益多样化的趋势，全域旅游发展在树立新型的市场营销观念的基础上，必须针对旅游市场形势和走向，根据条件谋划市场营销战略，对内打造精品，对外整合营销，要有创新、有突破、有影响力，结合新的技术，创造出全域旅游营销的新业态，优选出新的业务方向和经营重点，推出多层次、多品种的旅游产品，建立适合各种旅游消费的价格体系，选择高效快捷的营销途径。因此，在制定全域旅游市场营销策略时应注意以下两个问题：第一，从全域旅游旅游者的大众性出发，定位无差异市场，采用规模经营、整体开发的战略；第二，从全域旅游旅游需求的多样性出发，定位有差异市场，采用特色经营战略。

二、全域旅游营销网络建设与市场促销

全域旅游目的地拥有独特的资源，旅游市场吸引力大，充分发挥景区特色产品强大的市场号召力，并与全域内其他旅游资源整合进行全域营销，能够很好地增加全域旅游营销内容的厚度，提升全域旅游的内涵。旅游经营者要考虑旅游产品销售和其中的服务，与游客的沟通信息，促销过程中创造舒适的消费氛围，引起更多的需求欲望，促进建设销售渠道体系，营造长期稳定的全域旅游营销网络，这是旅游企业最重要的外部资源。因此，我们应做到以下三点。

第一，立足长远，建设稳定高效的全域旅游营销网络，这是旅游业得以长期生存、可持续发展的必要条件，也是发展全域旅游不可或缺的重要环节。

第二，因地制宜地策划、创新现有的促销方式，高效快捷地将旅游产品或服务的信息传递到目标市场，沟通旅游产品生产经营者与消费者的联系，引起消费者的旅游兴趣和欲望。

第三，运用有效的营销方法促进市场发展，现代化的营销方法趋于多元化，而当今社会是以智力资源配置占优势地位的知识经济时代，知识成为重要的资本，新技术、新理念的出现，网络营销、定制营销、关系营销、绿色营销等成为全域旅游营销的新时尚。

三、超前思维推动全域旅游营销

旅游既是社会文化现象又是社会经济现象，也是国家化、规模化的大众活动，旅游在促进社会经济发展的同时，又受着社会经济环境条件的制约。全域旅游的营销要摆脱制约旅游业发展的因素，从旅游战略观念上进行根本性的转变，对外整合营销、树立品牌，对内打造精品，从市场营销的角度来讲，要拥有超前思维，从旅游产品创新、市场开拓、严抓管理三方面入手，不断开发后备资源，强化旅游市场基础。

（一）以市场为导向超前开发后续产品

全域旅游新产品开发是旅游业增强其竞争力的基础。全域旅游新产品的开发涉及面非常广，在开发的过程中需要解放思想、集思广益。首先，在现有产品和资源条件下不断更新旅游线路，不断推出新的旅游娱乐项目，充分挖掘现有旅游资源的潜力；其次，在保持地方特色的前提下，在开发旅游工艺品、旅游纪念品时融入观赏性、收藏性、文化性的元素；最后，充分利用引入外资，开放带动、鼓励投入，在“谁开发，谁受益”的原则下，加大力度改善全域范

围内的交通运输条件、加强饭店等基础设施的建设，并对原有的饭店等基础设施进行改建，还包括对新景区的建设、老景点的修缮等。

（二）依据环境变化超前解决新问题

为了加快全域旅游的发展，要运用超前思维，对于已经出现和有可能出现的问题，应及早研究、尽快解决，从而避免出现被动局面。加快经营体制改革和内部管理的改革。加大管理模式、营销方式等多方面的创新力度。另外，要加大资金投入，采用新的融资渠道，积极采用新技术，不断改善旅游市场的促销手段、管理手段和信息处理手段，增强旅游市场的营销能力。

（三）依据人本原理加强队伍建设

全域旅游高素质的营销队伍建设是旅游业最重要的长远资源和最积极的因素。全域旅游建设要重视两个问题：一是拨出专项经费，集中相关人员，组建专门旅游市场营销机构；二是要充分调动员工的积极性和主动性，以提升士气，如在制定旅游市场营销战略和策略时要给予每位人员发言的机会。

第三节　资金保障体系建设

全域旅游开发的资金支持具有重要的作用，其会影响全域从旅游规划的实施到旅游项目的开发、旅游产品的开发和旅游资源的开发利用走向，旅游者的到访流量，旅游接待设施的建设，旅游企业融资环境的改善，旅游企业的规模效应和竞争力以及其他经济环境的改善。另外，全域旅游资金保障体系的这些影响具有间接性和时滞性。

间接性表现为，全域旅游开发的资金体系中的措施大多数不是直接作用于旅游业本身，而是将着眼点放在旅游企业所处的经济环境中。如财政上的一些措施，除了促进宏观经济的良好发展外，还侧重于为旅游企业提供良好的经济环境支撑。而金融方面的措施，除了促进宏观经济的良性发展外，还侧重于为旅游企业提供良好的融资环境，为其发展提供有力的资金支撑。

时滞性体现在，财政金融措施的实施需要经过一系列的传导机制，其效果才能体现出来，这个传导过程实际上就是国民经济的运行过程。一般来说，从财政金融政策的实施到作用效果的初步显示，至少需要半年的时间，这就要求在选择采取措施时要具备一定的预见性。

全域旅游开发的资金保障体系包括两个部分，即财政方面的保障和金融方面的保障。

一、财政保障

财政是一个经济范畴，是整个社会产品或国民收入（即国内生产总值，GDP）分配中的一个特定部门，即以国家为主体的分配活动部分，具有和整个经济运行步调相一致的特点。建立合理的旅游业财政体制，实施正确的财政政策可以促进全域旅游目的地的国民收入在全域范围内的合理分配。一般来说，财政保障采取的手段主要有以下几个。

（一）国家预算

国家预算是集中性财政政策，是财政分配范围的主要环节，国家预算包括两方面的含义：一方面，它是国家实现其职能，满足其需要最主要的、最基本的分配手段，反映着主要的财政分配关系；另一方面，它是国家的基本财政计划，是经过法定程序批准的国家年度财政收支计划，是社会发展和国民经济计划的重要组成部分。国家预算的收支内容，反映和规定着国家的施政方针、社会经济政策、政府活动的范围和方向，在旅游规划与开发的财政保障体系中，国家预算主要指的是第二个方面的含义，即体现国家相关政策的收支安排。

（二）国家税收

国家税收是国家财政收入来源之一，是国家调控经济运行的手段之一。赋税的轻重对于经济的发展有着十分重要的影响：国家可以通过税收上的优惠政策来引导人们进入这个产业，从而推动这个产业的进步。如今，国家大力支持旅游产业发展，为全域旅游的实行创造了条件。国家也可以采取提高赋税的手段来抑制某些发展空间不大、前景不被看好的产业发展，如烟草产业。

（三）国家财政信用

国家财政信用对于旅游的保障是通过对宏观经济环境的调节来实现的，该手段可以迅速弥补财政赤字，调解资金供求，抑制通货膨胀，将一部分消化资金转变为积累资金，为重点建设项目筹集资金，优化产业结构，不仅调节了社会的消费水平，还可以积累资金投资于国家的建设。该手段是指财政部门以国家作为担保，以有偿原则向社会发行债券以获得较大财政收入。由于有国家作为担保，该类债券享有极高的信誉，被称为“金边债券”。

二、金融保障

全域旅游开发的金融保障包含了两大内容：一是金融系统对国民经济运行的调节，以此为旅游的发展创造优良的外部大环境；二是金融机构对旅游企业的融资给予优惠政策，促进其快速发展。

（一）对国民经济的调节作用

金融系统是国民经济中的重要组成部分，金融系统的稳定性与安全性是整个社会安定团结的保证。金融系统通过中央银行指定一系列货币政策，由各级金融机构参照执行，以此对社会上货币的供应量加以调节，进而对国民经济进行调节。

（二）对旅游企业融资的调节作用

全域旅游的发展离不开区域内旅游企业的发展，而大部分的旅游中小型企业资金短缺，并且融资途径有限，大大地限制了它们的规模扩张与区域联合发展。金融机构应加大对旅游企业的融资支持力度，如商业银行对旅游企业的融资支持可以通过实行优惠利率，在同等条件下，对旅游企业的融资优先考虑，简化旅游企业的融资手续，适度降低企业的信用等级标准，为旅游企业提供较为优惠的商业贷款利率和贷款期限等。而那些非银行机构，如信托投资公司、各类保险公司及证券监管机构等也不应忽略旅游业这一广阔的投资市场。

三、资金保障的用途

全域旅游的发展需要资金保障的支撑，资金使用方向主要包括四个方面。

第一，全域旅游项目投入。这包括全域旅游目的地的重点项目投入、旅游基础设施建设投入和公共服务体系建设投入等。

第二，全域整合营销。这包括产品的推出、市场的开拓、形象的策划和全域营销。

第三，全域行业管理。这包括市场准入、市场秩序、日常管理、高峰管理、制定标准、规划统计、安全保卫、培训教育、立法执法等。

第四，旅游者权益保护。这包括投诉热线、质量检查、投诉处理等。

四、资金保障的融资渠道

我国全域旅游的发展处于起步阶段，正是资金大量投入的阶段，即使已经有了一定的产业基础，仍然需要资金方面的持续投入，而且全域旅游的发展先期如果没有这种资金投入，很难完成旅游产业发展的预定目标。所以，资金保障将成为其他保障的必要条件。在资金保障的问题上，主要通过广开财路，扩大资金渠道，具体规划如下。

（一）政府性部门的资金投入

政府性部门的资金投入对于旅游业发展来说是一个重要的资金来源渠道。我们应加大政府引导性资金的投入力度，因为在发展全域旅游的初期，其对地方经济、社会文化等方面的拉动作用还没有很好地体现，社会各界并没有看到旅游业带来的变化，因此社会融资渠道在旅游业发展初期很难实现通畅。这时，政府就应该保证旅游业发展的基本资金，实行专项拨款、专款专用，给社会资金投资者创造一个良好的环境。这一具体内容包括：全域旅游整体规划、可持续性规划、管理和开发方案投入、必要的基础设施项目投入、关于全区域的整体性宣传及市场营销投入、公共服务体系设施投入、全域旅游数据中心投入以及其他非营利性投入。要充分发挥政府引导性资金投入的带动作用，以调动社会各方面资金更多地投入旅游开发和建设中。

（二）招商引资

全域旅游的发展不能光靠政府部门的资金投入，其发展涉及广泛的产业，发展周期长，政府在全域旅游发展过程中就要善于招商引资，对资源或者项目进行认真评估与分析、认真策划与包装，形成项目可达性招商文件，大举招商。相关部门要积极参加各种招商洽谈会，将本地的优势旅游资源推向市场，实施筑巢引凤的策略，利用外来资金进行自身的开发，并从中受益。

（三）促使社会投资

一个地区的经济发展水平达到一定程度，企业会寻找可行的投资渠道。对于企业来说，投资旅游业是一项回报高且可以赢得一定社会赞誉的渠道。因此，旅游业的发展可以抓住这种变化态势，通过一定的政策要求社会资金持有者投资于总体规划建议开发的旅游设施。在资金分配方面，政府性部门承担大部分投入，社会投资将承担其余不足的部分，主要是在全域旅游基础设施方面、全域旅游规划方面以及全域旅游管理服务人才的培训费用方面等。

（四）扩大资金渠道

除了以上三种融资渠道之外，全域旅游范围规划区还应该积极寻求其他投资渠道。鼓励符合条件的重点旅游企业通过发行旅游债券筹集资金的方式，筹集更多的社会资金投入旅游开发和建设中；积极争取金融机构的支持，按照银行贷款标准和条件，组织推荐一批质量高、前景好的旅游项目，争取银行贷款建设；鼓励旅游景区以门票质押担保方式，筹集更多的银行资金，加快旅游精品景区的建设步伐；大力发展民营旅游经济，积极引导社会资金对旅游业的投入，调动民间投资的积极性，扩大旅游企业的直接融资范围。例如，可以争取政府基金，或者争取其他渠道的基金（如亚洲开发银行的基金）支持。此外，对于上级政府对旅游业支持的专项资金，要积极争取，从而扩大资金渠道。地区政府可按旅游企业营业额征收3%以内的旅游发展建设税，或从中拨出一定数额建立旅游业发展基金，成立基金管理委员会，直接对地区政府负责。

五、全域旅游的投融资平台

（一）全域旅游投融资平台建设的客观现状

由于全域旅游建设兼有社会、经济、环境效益，并且投资量大，周转周期长，对政府以及投资者提出了较高的要求。因此，以原有的单个项目投融资经验操作，即通过金融机构融资、政府投资等方法都不合适，这就使得投融资平台建设需求凸显。同时，投融资平台建设已积累大量的有利条件：首先，社会资本、金融资本，包括个人理财资金由于找不到合适的投资项目出现了资产配置荒；其次，随着全社会对经济转型及消费升级趋势的认识不断深入，旅游行业进入了难得的投资黄金期，各路资本都看好旅游行业的发展；最后，国家对旅游行业高度重视，政策鼓励、企业支持为建设全域旅游投融资平台奠定了基础。

（二）全域旅游投融资平台建设的思路

全域旅游投融资平台建设首先应认清两个基本的功能——融资和投资。融资是平台建设的基础，融资就是融入资金，筹集相应的建设及运营资金。目前比较新型且成熟的思路是政府出一部分引导资金，再吸收社会资金，组成旅游投资的最初资本，其优点是能更好地引入社会资金。现在各地纷纷成立的旅游基金大都采用这种模式。但在实践中要注意：要将部分不能产生经济效益的公共投资，如景区外交通、环境等基础设施投资，放在政府自己的投资平台上。而无论是社会、金融，还是个人的资金都是有收益要求的，要体现效益性，将这些项目投资放在投融资平台。在投融资平台建设中，首先，要将投融资平台的商业模式确定下来，如果是采取成立旅游产业基金的方式，则需要明确基金的类型，是有限制、合伙制还是契约制，目前比较主流的是有限合伙制，也就是投资者或政府投资公司作为发起人，共同发起成立有限合伙企业，由政府及其投资合作伙伴作为有限合伙人，行使出资人权利，专业的投资管理机构作为普通合伙人，行使管理人的权利。其次，要对资源进行评估，确定投资开发的项目、金额等，进行可行性研究，撰写商业计划书。最后，可以路演募资，引入其他投资伙伴。当然建设投融资平台还有其他思路和办法，如政府与企业成立公司、单一主体（政府或企业）成立平台公司等。

（三）全域旅游投融资平台的管理

融资完成只是投融资平台建设的第一步，投融资平台的建设是要建立使投资者、项目方、政府都满意的方式，因此，要做到对全域旅游投融资平台的有效管理。在全域旅游的大背景下，平台应当进行专业化管理，平台管理人不仅要精通金融投资业务，也要熟悉旅游业各环节的业务，要在全域规划设计、建设、营运、信息服务、市场营销等方面都有专业的人力资源队伍，要能够在项目选择、风险控制、经营效益等方面取得优秀的成绩，达到建设平台的根本目的。

（四）旅游项目的投资

首先，在旅游项目的投资中，要注意对投资风险的测量，分析旅游项目的可行性、现金流测算、投入产出情况等方面，充分考虑当地的社会经济发展水平、人口数量、项目的稀缺性和必需性，优选符合国家鼓励方向和当地重点工程类项目。其次，要考虑基金的收益。通常投资基金的收益包括基金本身的收益和项目相关的收益，但既然作为全域旅游的平台，盈利模式不能只限于旅游项目本身，在“互联网 +”的大格局下，利用物联网、云计算、大数据等最新技术，将食、住、行、游、购、娱，甚至更全面的信息，以及线上和线下的服务与商家等资源整合，从消费信贷、电子支付、促销、汇兑、退税、保险着力等方面，打造全产业链的旅游金融产品，实现平台的多途径盈利，从而实现平台的利润最大化。

第四节　人力资源保障体系建设

区域内的旅游业人才总量、结构和素质的状况直接决定了全域旅游发展的实施的效果。在全域旅游发展过程中，需要一批素质好、富有事业心和责任感，有专业理论、实践经验，又有较高文化程度的旅游专业人才。因此，全域旅游发展要构建旅游高素质人才结构。

一、全域旅游人力资源的概念界定

首先，全域旅游需要旅游业高层管理者，如从事人力资源、市场营销、景区管理、旅游规划等方面的人员，包括政府分管旅游工作的领导，各地市旅游局局长及旅游景区管委会主任，他们对于旅游业的理解和认识对一个地区旅游业的发展具有直接影响。其次，全域旅游目的地急需具有专业技能过硬、服务意识强、复合型、协作型、应用型的服务人才，包括高级导游人才、旅游规划人才、旅游市场人才、旅游商品开发人才、度假和商务旅游开发人才等。最后，全域旅游需要构建高层次旅游人才培养合作体系，与旅游研究机构、学校建立合作培养机制，保障高素质人才的可持续性。

旅游业作为一个特定的行业，对旅游从业人员的综合素质要求相当严格，不仅要知识面广，还要有专业特长，只有优秀的旅游专业人才才能为全域旅游发展“另辟蹊径”，创造更好的盈利空间和设计受游客欢迎的旅游线路。全面提高旅游队伍的整体素质，使旅游业成为社会经济发展的增长动力，建立全面有效的工作机制。

二、全域旅游人力资源的开发现状

在市场的促进下，旅游人力资源素质逐步提高。随着我国市场经济体制的建立、发展和逐步完善，全域旅游目的地的兴起，旅游人力资源作为一种资源要素必然受市场的支配，在市场的引导下更多地介入旅游业，在全域旅游今后发展中起到越来越重要的作用。一方面，会有越来越多的高素质人力资源进入旅游产业，大大增加高素质旅游人力资源的数量；另一方面，在市场的支配作用下，旅游业的配置行业、部门领导、管理者也会逐渐提高对旅游人力资源开发的重视，努力培养更多的旅游人力资源，同时也不断提高自身的素质。

（一）初步建立了旅游人力资源的开发机制

全域旅游的发展要求更高素质的人力资源队伍，旅游人力资源来源渠道较为规范，多数旅游企业从旅游院校招收大量的应届毕业生，有效保证了员工队伍的素质。目前国内开设旅游专业的院校不多，所以旅游人才的教育机制应加强。多数旅游企业对员工实行先培训、后上岗和在职继续教育的制度，有比较完整的培训体系，员工培训是促进员工素质提高和进行企业文化建设的一个重要手段。多数旅游企业都建立了一套比较完整的人事管理制度和规章，对有效吸引人才、留住人才以及调动员工积极性发挥了应有的作用。

（二）我国旅游人力资源供给不足

近年来，尤其在全域旅游发展起步的阶段，我国经济一直保持着高速发展的趋势，人们的生活水平有了极大的提高，旅游意识增强，新的节假日制度，更促进了旅游业的发展，旅游人力资源的需求加大。人力资源尤其是中高层管理人员供给不足。随着经济和旅游业的发展，相比之下，旅游人力资源的供给跟不上经济快速发展的脚步，专业教育和培训水平明显滞后，由于缺乏系统的培养，中高层管理人员更不能满足当前的需求。

（三）旅游业的发展与相关从业人员的大量流失

大量资料表明，旅游企业的人才流失率远远高于其他行业企业。与此同时，来自各大高校就业指导中心的数据显示，有相当一部分旅游专业大学生毕业以后不愿从事本专业对口的工作，这给旅游业的发展带来了困境。人力资源的合理流动可以给旅游企业注入新鲜血液，但人员流动过大，一方面，会增加旅游企业的培训成本，员工思想不稳定，管理难度增大；另一方面，员工的流动性过大容易泄漏企业的商业秘密，如财务经营状况、战略规划、市场竞争策略等，严重时会造成原有稳定的销售市场丧失。因此，如何留住旅游专业的毕业生从事本专业工作，以及如何保留优秀的员工，特别是稳定在企业内起中流砥柱作用的中高层经营管理人才是当前旅游业人力资源开发与管理亟待解决的难题，也是未来发展全域旅游亟须解决的问题。

（四）旅游人力资源开发的意识淡薄

虽然旅游人力资源开发越来越受到重视，许多部门在这方面也做了不少工作，但是长期以来，许多相关部门的领导者、管理者并没有把对旅游人力资源的开发提高到应有的高度。如在人力资源开发上缺乏配合，教育、文化、宗教城市建设等部门同旅游部门缺乏人力资源开发上应有的默契。全域旅游发展也是全域旅游人才队伍的建设过程，全域旅游人力资源开发的意识不强，缺乏对旅游人力资源开发的积极性，将不利于旅游人力资源素质的总体提升。

三、全域旅游人力资源保障体系建设

（一）树立“以人为本”的管理理念

从人力资源开发的角度，建立适应旅游行业的，涵盖人才测评、工作分析、绩效评估、薪酬管理以及人才激励机制的一整套管理办法。着眼于从业人员的职业生涯发展，让员工随着企业的发展，自身价值不断得到提升。促进人员机制改革，建立能使优秀人才脱颖而出、人尽其才的有效机制；围绕人的积极性、主动性和创造性实行管理活动，充分发挥人的能力，特别是人的创新能力，努力留住和用好现有人才；盘活现有人才存量，充分发挥其作用，注重对旅游人才的提升奖励机制的建设；高度重视人力资源开发、培养和使用，将人力资源视为组织的核心资源，视作一项投资，以激发员工的潜能；发挥团队能力的辐射力量，去赢得长期、持久的实力，并将人力资源管理的重点放在可持续竞争优势上，进而增强行业整体竞争力。

（二）加强旅游人才培植与人才队伍建设

加大投入力度建设高水平教学、科研基地，在各旅游高校发展新型旅游学科，充分增强学生的实践能力。按照全域旅游发展的需要，选拔培养各单位的跨世纪学术和技术带头人及其后备人才，成立科技骨干队伍和人才梯队。要实现高素质人才的发展，就要大力发展旅游专业研究生教育。为此，国家应实施旅游人才发展战略，努力建设拥有硕士学位授予权的高校，将研究生的在职教育与普通教育相结合，同时要强化旅游专业本科教育，培养提高旅游人才的素质。

通过院校教育、岗位培训等多种机制使人才队伍的整体素质得到明显提高，重点培养一批全域旅游行业急需的专门人才。当前，为迎合全域旅游发展的需要，社会亟须一大批既掌握现代工程技术又善于经营管理，且能进行国际交流与合作的高层次、高素质、复合型人才。诸如开发度假区、大型游乐园、主题公园、生态旅游、旅游电子商务等多方面的人才，尤其是要有旅游规划方面的专门人才。面对全域旅游发展的特殊要求，培养一批城乡规划、旅游规划的复合型旅游规划人才。另外，加快对紧缺的高级职业经理人、市场促销、会展管理、旅游产品设计与开发等管理人才、专业技术人才的培训；推行职业经理人制度，加快培养职业经理人的步伐；支持培训机构采取“短、平、快”的方式，培养紧缺专业人才。

（三）创新从业人员在岗培训机制

“重考前培训，轻继续教育；重岗前培训，轻岗上和岗后培训；重知识培养，轻服务理念培养”是目前国内旅游企业单位培训机制存在的普遍问题。各旅游企业应将各类人员的培训任务进行划分，进行不同层面的、各有侧重的、有针对性的培训。可交由专业化旅游服务公司、旅游院校负责考前培训和岗前培训；由各地市旅游局负责年审培训；由各单位开展在岗培训；整体培训策划由各地市旅游局和院校负责。另外，可以根据形势发展的需要，开展各种创新培训。如在各地建立旅游师资培训基地和旅游专业实习基地，设立优秀定点师资培训单位，大力拓展境外师资培训渠道，组织旅游单位开展培训经验研讨会，介绍单位成功经验，交流心得，互助合作，发挥整体优势。

高层人员的教育培训渠道主要包括以下内容：充分发挥本地高校的教育培训作用，开设相关专业，如旅游管理、酒店管理等，进行有计划的人才培养；充分发挥外地或国外高校的作用，以派出进修或吸纳其毕业生的方式，广泛招纳旅游人才；聘请知名专家、学者，以讲学的形式，举办旅游知识强化班或研讨会，作为专业技术人员与一般服务人员的教育渠道。

（四）促进人才流动和人才管理制度日趋完善

建立与市场经济相适应的人才流动机制，推动旅游人才市场从集市化向信息化、网络化等高级形态发展；允许旅游专业人员采用短期工作、项目合作等形式，跨部门、跨地区兼职，多职多薪；允许专业技术人员创办、领办科技企业，兼职从事科研开发和成果转化活动，也可以离岗办科技企业或从事技术成果转化工作。要通过建立人才合理流动机制，形成以市场化为导向的人事工作“三转变”，即从具体人头管理向人才综合开发转变，从单纯事业性管理向宏观指导配套服务转变，从主要依赖行政调配向市场配置人才转变。大力促进各类人才在市场环境中成长，双向选择，才尽其用。进一步优化人才成长和发展的环境。

建立人才市场的供求机制，形成人才市场的价格机制和激励机制，完善人才市场的竞争机制。对于高素质旅游人才要实行收入与其经营业绩直接挂钩，拉开分配档次，允许他们获得较高的报酬。鼓励技术、管理等生产要素参与收益分配，逐步形成工资报酬与贡献挂钩的机制，推行一次性现金或实物奖励、税后利润提成、技术入股、专利入股、期权奖励等多元化分配方式。实行以年薪制、配股制、期权制为中心的激励机制，更好地调动高素质旅游人才的积极性，使素质旅游人才在推动全域旅游发展过程中，最大限度地实现自身价值，同时也追求自身利益的最大化。当然，我们也要把物质报酬和精神奖励结合起来，增强旅游人才的企业归属感，并提高其工作积极性。

（五）逐步完善旅游从业人员资格考试和认证体系

建立严格的岗位认证制度，完善旅游行业继续教育机制，提高旅游从业人员的文化水平和职业素质。实行岗位资格考试和岗位等级考试，实行持证上岗，是提高旅游人员职业素质和专业技能的重要手段。提高导游人员资格考试的学历要求和考试难度，并在现有的各种岗位资格考试的基础上，尽快实施如导游、外联销售等一线服务人员的外语水平测试，全面提升人员素质和等级结构，实现人力资源的科学化和规范化管理。全域旅游的一大转变即导游必须由旅行社委派的封闭式管理体制向导游依法自由有序流动的开放式管理体制转变，实现了导游执业的法制化和市场化。

第五节　技术保障体系建设

“科技兴旅”是 21 世纪中国旅游业可持续发展的基本策略之一。旅游产业的科学技术引进、应用和创新以及旅游科学研究，是全域旅游开发的科学保障。它包括两个方面的内容：一方面是指旅游产业对技术的引进、吸引、应用和创新；另一方面是指旅游产业科学理论研究。旅游产业中的技术既包括物质形态的硬技术，也包括智力形态的软技术。硬技术，一是指旅游业对现代技术的吸收与应用；二是指旅游业本身的技术和环节创新水平。软技术是指旅游业的管理技术，包括行业管理技术、企业管理技术和环节管理技术。

旅游科学研究包括旅游概论，旅游政策研究，旅游信息及其收集与传递，旅游法规制定，旅游教育培训，旅游图书、资料、杂志的编辑出版等。无论是旅游产业技术的研究，还是旅游科学理论的研究，都可以通过适当的方式转化为生产力。但目前我国旅游产业技术和科学理论的研究还不能满足全域旅游发展的要求，这些研究滞后于旅游事业实践发展的现象较普遍，要真正解决全域旅游发展过程中旅游产业技术和科学理论研究滞后性问题，必须努力使旅游科研工作向超前研究方向发展。

一、旅游网络化时代的信息技术

旅游业是一个信息密集型产业已获得旅游界的认可，并且许多学者对旅游信息系统在理论上或在理论与实践上进行了研究，目前通过信息技术可为全域旅游的合理开发、科学规划与保护、有效宣传提供支持，也取得了许多成果。这些成果主要包括旅游资源调查与评价子系统、旅游饭店管理信息系统、旅游统计分析子系统、旅游电子商务等方面。

但是，目前国内旅游信息系统的研究难以深入展开，这主要是由于我国旅游业信息化建设仍处于初级阶段，与其他高增长性朝阳产业相比水平还很低，部门数据线性割据较为严重，信息采集、处理和分析技术在旅游业中的系统研究还很薄弱，建设中往往重视硬件投资而忽视软件的信息应用发掘，旅游资源及适时服务信息不易广域畅达和适时传播，限制了旅游信息系统的功能和吸引力。例如，文化和旅游部对各省、自治区、直辖市、计划单位和副省级城市旅游局共 49 家单位进行了信息管理系统基本情况的调查，除了成都市和济南市未反馈相关资料外，其余 47 家单位反馈的信息显示，1/3 的省市旅游局建立了一定规模的信息系统，但是 2/3 的单位信息系统相当薄弱，这主要体现在这些信息系统的空间信息的表达和分析功能非常缺乏，信息系统中的信息相当贫乏等。这显然不适合当今信息时代对旅游业发展的要求。

要真正地解决好旅游信息系统存在的问题，就必须彻底打破部门割据、单一学科介入的局面，要综合运用网络技术、数据库技术、多媒体技术、遥感技术、地理信息系统技术、环境监测技术、虚拟现实技术、智能化技术等，设计出面向不同层次用户的旅游信息系统，达到实用性、连续性、准确性、及时性、直观性、生动性、智能性等目的。借助科技优势，通过移动终端帮助游客方便快捷地获取旅游信息、在线支付、游览体验等服务；整合旅游资源，建立全域旅游数据中心，利用先进的技术手段挖掘旅游资源的社会经济价值，满足游客的个性化需求，为游客提供个性化、智能化、便捷化的服务；重视网络的作用及影响，通过旅游门户网站、微博等网络营销传播平台对全域旅游目的地进行宣传，进一步推动全域旅游的发展。在建设全域旅游信息化的过程中，物联网技术、云计算技术、移动通信技术、人工智能技术是构成全域旅游的关键支撑技术。基于这些核心技术，全域旅游能够向应用对象（政府、旅游者、旅游企业、企业）提供各种价值供给，这几大关键支撑技术充分体现了智慧旅游的运用对于旅游资源及社会资源的共享与有效利用的能力。

（一）物联网技术

物联网是实现物物相连的互联网络。其包括两个方面的内容：第一，互联网是物联网的基础和核心，并以此为基础对信息进行扩展和延伸；第二，物联网的用户端没有仅仅局限在人与物体上，而是扩展和延伸到任何物体与物体之间，使其进行信息交换和通信。

物联网主要有三个方面的特征：第一，感知全面，利用射频识别技术，传感器及二维码等随时随地获取物体的信息；第二，传递可靠，通过各种通信网络与互联网进行结合，将收集到的实时信息准确地传递出去；第三，处理智能，通过利用云计算技术、模糊识别等智能技术，对大量数据和信息进行处理和分析，对物体进行智能化管理与控制。

（二）云计算技术

云计算是一种网络应用模式，是基于互联网、通过虚拟化方式共享资源的计算模式，使计算、存储、网络、软件等资源，按照用户的动态需要，以服务的方式提供。而作为计算机终端、移动终端的使用者不需要了解技术细节或相关专业知识，只需要关注自己需要什么资源以及如何通过网络获取自己需要的相应服务。云计算的主要目的是解决互联网发展所带来的海量数据库的存储以及处理问题。云计算的核心思想是计算、信息等资源的有效分配。以后云平台上的旅游攻略将会更为完善，从网页上可以更加全面地了解到旅游信息，包括景点的详细介绍、附近酒店的客房实景，甚至某个小饭店的特色菜等。这些信息都是来源于大众的，相关气候、交通、商业等部门的信息也会汇集到这个云平台上，从而使未来的出游更加便利。对于政府而言，其可以直观地判断哪些旅游景点可以投资开发，哪些景点可以实施免费开放政策，从而更科学地规划与开发旅游产业。

（三）移动通信技术

移动通信是一种物与物的通信模式，主要指移动设备之间以及移动设备与固定设备之间的无线通信，便于实现设备的实时数据在系统之间、远程设备之间的无线连接。因此，移动通信可以看作物联网其中的一种物与物连接方式，是支撑全域旅游物联网的核心基础设施。随着移动终端设备的发展与普及，移动通信技术将信息技术在旅游方面的应用不再以个人计算机为中心，而是向以携带移动通信终端设备的“人”——旅游者为中心发展，体现了信息技术应用以散客为服务对象的方向。个人计算机主要依赖计算机网络技术连接，通过互联网技术丰富各种旅游应用；而移动通信终端设备与移动通信技术连接，通过互联网、物联网技术丰富各种旅游应用。移动通信技术自产生以来迅速发展，移动通信技术在智慧旅游中为游客提供丰富多样的个性化服务，如全程信息服务、无所不在的移动接入服务、多样化的用户终端以及智能服务等。移动通信技术在智慧旅游中的应用将极大提高旅游者的旅游质量，提高旅游目的地管理水平与服务质量，使旅游管理水平和服务质量向更加精细化、高质量方向推进。

（四）人工智能技术

人工智能是研究如何运用计算机的软硬件来模拟人的一些智能行为的基本理论、方法和技术，涉及多个方面的研究内容，主要包括自动推理、知识获得、知识处理、计算机视觉、智能机器人、自动程序设计等方面的研究内容。人工智能技术目前被广泛应用于众多领域，如决策系统、机器人、仿真系统以及控制系统中。智慧旅游如何不断采集、存储及处理海量数据信息，如何在旅游服务及管理等方面发挥重要作用，是关系智慧旅游发展成败的关键问题。智慧旅游利用人工智能技术进行数据的有效处理与使用、信息与知识的获取，运用计算机推理技术进行决策支持并解决问题。在旅游领域，人工智能技术更多地被用于旅游需求预测中。人工智能在全域旅游中的作用将不仅局限在这些方面，还包含游憩质量评价、旅游服务质量评价、旅游突发事件预警、旅游影响感知研究等诸多领域。

二、全域旅游技术保障体系建立

（一）全域旅游管理体制

全域旅游产业具有综合性、广泛性、高关联性等特点。旅游行业管理是跨行业、跨部门协调性的管理。在全域旅游发展过程中，各级部门要本着责、权、利相统一的原则，适度协调各管理层次之间的关系，相对划分各自的主要管理职能，授予相应的权力，明确各自的利益。各层次的旅游管理机构要根据旅游业的产业特征灵活设置，注意上下通畅、层次分明、职责明确、运行高效，这是全面推动全域旅游快速、高效、有序、高品质发展的重要保障。

（二）智慧旅游服务平台

随着旅游业和信息技术的发展以及人们个性化需求的不断增长，传统的旅游方式已经不能满足游客的个性化需求。智慧旅游服务平台为游客提供旅游地及与旅游相关的各种旅游信息，可通过信息化的手段为游客提供旅游的信息查询、旅游中的服务以及旅游后的反馈跟踪等全套贴心的个性化服务，还可以针对旅游者的喜好为旅游者规划特色旅游路线，虚拟技术可以实现旅游者提前进行旅游体验。游客通过智慧旅游平台，进行旅游产品的搜索、购买与后期的评价、反馈，会对完善智慧旅游平台、提升景区服务质量具有重要的作用。

（三）智慧景区

全域旅游发展的一个重要趋势是散客化、自助化与网络化，在这种新格局下，景区如何利用新技术，在“数字地球”向“智慧地球”转变的大背景下，顺势建设智慧化程度高的景区，是我国景区未来发展的重要趋势。通过智慧景区的建设，拉动旅游消费，降低旅游消费门槛，利用便捷、个性化定制的服务为游客与景区之间搭建一个旅游消费的平台，使景区进入网络化、智慧化的新时代。通过建设智慧景区提高景区自身服务水平，提升景区管理水平，使景区管理更加智能化。

（四）旅游管理部门

全域旅游技术的发展需要旅游管理部门的政策、资金支持，同时，旅游的技术发展能够为旅游管理部门提供决策依据，提高政府的工作效率，使其从传统政府向智能化政府转变。

（五）旅游相关企业

景区的发展不是孤立的，是与食、住、行、娱、购五要素紧密相连的，旅行社、酒店、餐饮、购物、娱乐等部门通过智慧旅游平台发布广告及促销信息，供游客进行选择，为游客提供便利。同时，这些部门通过游客的订购、评论及反馈，对游客的使用情况进行统计分析，从而调整其营销策略，提高其自身智能化程度，提升其服务质量。

第六节　安全保障体系建设

随着人们的生活水平逐渐提高，中国旅游业也随之快速发展，形成了世界上人数最多的国内旅游市场，成为我国第三产业重要的组成部分，旅游活动也开始成为寻常百姓人家生活的一部分。但是由于我国旅游业起步晚，各项规章制度不健全，各项措施不完善，人们的安全意识薄弱，导致了旅游安全事故频繁发生。旅游安全作为社会安全的一部分，需引起人们的重视。

一、旅游安全的界定

旅游活动是一项以文化交流为基础，涉及经济、政治、社会等许多方面的综合性大众社会活动，大众普及性是现代旅游活动的重要特征。因此，旅游安全是社会安全的重要体现形式。从旅游业运行的环节和活动特点看，旅游安全贯穿于旅游活动的六大环节中，可相应地分为饮食安全、住宿安全、交通安全、游览安全、购物安全、娱乐安全六大类；从旅游学研究对象看，旅游安全可分为主体安全、媒体安全和客体安全。主体安全，即旅游者安全；旅游媒体安全集中表现为交通安全和旅游从业者安全；客体安全，即旅游资源的安全，涉及资源的保护、环境容量与可持续发展。传统旅游学研究认为，旅游者安全是指在旅行游览过程中，由组织管理和技术方面的原因导致的旅游者受伤或死亡。当然，这种旅游者安全范围界定过于狭隘，忽略了旅游者的精神、财产方面的安全需求。基于旅游者安全问题所造成影响的广泛性、负面性和旅游者对旅游业的重要性，本节仅从旅游者角度出发来探讨狭义的旅游安全。

二、旅游安全问题的表现形态

在信息传播发达的当今时代，社会公共安全等危机正日益成为一种社会常态性的存在。随着我国旅游业的发展，社会安全中旅游安全问题的重要性日益凸显。旅游业运营过程中的安全问题表现出如下形态。

（一）犯罪

虽然对犯罪与旅游的关系至今仍争论不休，但由于给旅游者带来创伤的严重性和影响的社会性，犯罪成为旅游安全中最为引人注目的表现形态之一。国内外学者对旅游与犯罪给予了广泛关注，并把犯罪作为旅游的社会文化影响之一。旅游业运行中存在的犯罪现象数量众多，具有一定的规律和特点，并可大体分为三大类：侵犯公私财产的犯罪，危害人身安全的犯罪，与毒品、赌博、淫秽有关的犯罪。

（二）交通事故

在旅游业运营的各环节中，交通是安全问题影响最大的环节之一。交通安全事故包括道路交通事故、航空事故、水难事故、缆车等景区交通事故。据国家安全生产监督管理总局统计，2003 年全国共发生道路交通事故 667507 起，死亡 104372 人。相对于其他交通方式而言，航空交通相对安全，但民航客机的任何事故都可能是灾难性的。2004 年，包头“11·21”空难事故中遇难人数为 55 人，其中机上遇难人员为 53 人，地面遇难人员为 2 人。水难事故指在水体中出现的安全事故，随游轮、竹排等水上交通和水上旅游项目的出现而发生，包括海难、内河（湖）安全事故等。1999 年 11 月 24 日，“大舜”号滚装船在烟台海域起火沉船，290 人魂归大海，成为震惊中外的烟台“11·24”特大海难事故。缆车索道的建设不仅破坏了自然风景区的原貌，使游客大量集中于容量有限的景区从而导致景观和生态的破坏，而且容易引发安全问题。2007 年 7 月 13 日，西藏 318 国道曲水段桃花村境内，一辆旅游大巴强行超车，导致车辆坠入距离路面 80 米的雅鲁藏布江中，包括司机、导游在内的 15 人死亡，2 人失踪。2011 年，一辆搭载大陆浙江旅行团的游览车因刹车失灵，在台湾阿里山脚下冲向水沟，造成 1 名导游和 6 名乘客受伤。2015 年 6 月 1 日约 21 时 28 分，从南京驶往重庆的客船“东方之星”在长江中游湖北监利水域沉没，人员伤亡惨重。

（三）火灾与爆炸

近年来火灾呈上升趋势，据人民网消息，2016 年 4 月 9 日河北省秦皇岛市昌黎县十里铺乡，当地称为“葡萄沟”的区域，突发森林大火，财产损失严重。近年来，全国仅饭店业发生的重大和特大火灾平均每月就达 23 起。虽然旅游业中因火灾与爆炸死亡的人数较低于旅游交通事故死亡人数，但却往往造成严重的后果，如基础设施破坏、财产损失等，甚至造成整个旅游经济系统的紊乱。

（四）疾病（或中毒）

旅途劳累、旅游异地性导致“水土不服”和客观存在的食品卫生问题等可能诱发旅游者的疾病或导致其食物中毒。2000 年 3 月，一位日本游客随旅行团在北京打高尔夫球过程中因冠心病猝死；2001 年 4 月 20 日，福建省惠安县发生食用河豚中毒事件。

（五）其他安全问题

旅游安全表现出复杂性和突发性，往往存在特殊、意外的突发性事件。如1998年8月30日，上海闸北公园正在运行的“全部符合标准要求”的“飞旋转椅”突然倒塌，造成1死9伤，从而引发了国家对大型游艺机械、游乐设施的检查整顿。又如，2000年6月4日，湖南省湘乡市在举行端午龙舟赛时，突然发生浮桥侧翻惨剧，造成至少13人死亡。2003年的“非典”以及2004年的“印度洋海啸”也属于引发严重旅游安全问题的突发事件。其中，2004年的“印度洋海啸”事发地点位于旅游热点附近，加上正值圣诞节假期的旅游旺季，受灾地区聚集了大量的本地居民和游客，很多旅客成了这次灾难的受害者。

三、旅游安全保障体系的构建

旅游安全保障体系的构建是一个广泛而复杂的问题，需要政策上的支持，并需要逐渐完善，旅游安全保障是旅游者活动能够安全、顺利进行，旅游业能够得以正常运作的保障。一方面，旅游者需要旅游过程中的安全保障；另一方面，旅游业需要旅游资源的永续利用，需要保护资源安全，旅游业还有义务维持社会稳定，保障旅游活动安全有序地进行。因此，旅游安全保障在旅游活动中乃至整个旅游业发展过程中起着举足轻重的作用。在旅游安全保障体系中，旅游安全政策法规系统是全局性的保障和管理依据，旅游安全预警系统和控制系统属于事前的预防和事中的监管体系，而旅游安全救援系统则是事中采取积极措施的重要环节，旅游保险属于事后的补偿体系。

（一）旅游安全政策法规系统

旅游安全政策法规系统是旅游安全保障系统的基础，其指导并规范着安全保障体系中的预警、控制、施救行为，为安全管理提供法律依据，具有提高安全意识，约束旅游行为的作用。它能够从政策法律的权威性和强制性的角度来规范和控制从业人员的行业行为，强化和提高从业人员的安全意识和防控意识，唤醒和提高旅游者的安全意识，约束其旅游行为。同时，通过旅游安全政策法规体系，还能够唤起和提高广大社会公众对旅游安全问题的关注，提高社会公众安全防控的意识，促进社会安全管理活动的开展，为创建安全的旅游环境提供保障。旅游安全政策法规系统的构成要素有政策、法规、标准、条例和规章制度。

（二）旅游安全预警系统

旅游安全预警系统具有旅游安全信息的搜集、分析，对策制定和信息发布等功能，是国家发布旅游安全信息、进行安全防控的组织机构。它代表国家向相关的主体发布国内或境外的旅游安全信息，以维护旅游企业和旅游者的利益，保障本国旅游业的顺利发展。它在警示旅游者和旅游企业提高安全意识、增强安全防范与控制能力，使旅游者和旅游企业预见问题并采取积极的防范措施等方面起着极大的作用。旅游安全预警系统应由以下机构构成：安全信息搜集机构、安全信息分析机构、安全对策制定机构、安全信息发布机构。根据警示内容的不同，旅游安全预警类型可分为治安预警、健康预警、容量预警、政治预警和军事预警。

（三）旅游安全控制系统

旅游安全控制是旅游行政主管部门、旅游企业、旅游者及其他社会机构之间通过制度、政策控制和利益协调而相互影响、相互作用的管理过程。

1. 指标控制系统

旅游安全指标控制系统是衡量旅游主管部门和旅游企业的安全管理力度及两者在安全管理上所取得的具体绩效与效果的指标体系，包括宏观的安全控制指标和微观的安全控制指标两类。宏观的安全控制指标主要包括重大事故件数、险性事故件数、旅游者伤亡人数、员工伤亡人数、安全经济损失率、接待事故率、团队事故率等。微观的安全控制指标是对旅游安全管理行为进行量化的衡量指标。其主要通过区域旅游业或旅游企业在安全方面所投入的人力、物力、财力及其比例关系的绝对数量、相对比例等进行具体的衡量和确定。绝对指标包括旅游安全货币投入量、安全人员投入量、安全劳动日投入量。相对指标包括相对生产规模的货币安全投入指标、相对于生产规模的活劳动安全投入指标、相对于人员（员工）的安全资源消耗指标。

2. 安全自控系统

旅游安全自控系统是旅游企业以安全运营为目标所设置的自我安全防控管理系统，包括安全制度自控系统、安全技术自控系统和安全文化自控系统。

3. 安全互控系统

旅游安全互控系统是由与旅游安全相关的各主体间通过相互制约、相互协调、相互联系，达到对旅游安全进行控制与管理的开放性系统。互控主体为旅游管理机构、安全机构、旅游企业、旅游者及其他组织。

（四）旅游安全救援系统

旅游安全救援系统指为实施旅游救援而建立的、涉及与旅游安全各相关层面的组织机构和包括旅游救援的分工、协作的工作体系。其构成要素如下。

1. 救援指挥中心

救援指挥中心的核心地位体现在其对整个旅游安全救援工作的开展、统筹、协调的职责上，目前建立旅游安全救援系统的当务之急是建立救援指挥中心。救援指挥中心的建立可以考虑如下方法：由政府牵头组织全国性的紧急救援中心；由政府牵头组织全国性的救援指挥中心；扶持国内现有的救援机构，对这些机构在可能的范围内进行整合，在充分合作的基础上利用其现有网络形成救援中心；引进国际性的救援机构，以它们为核心形成我国的旅游救援指挥中心；尽快建立全国网络性的客服电话。

2. 安全救援机构

安全救援机构是整个旅游安全救援系统的执行机构，在安全救援系统中扮演着极为重要的角色，由医院、公安机关、消防部门、武警部门等与救援行动直接相关的机构组成。这些机构目前需要完成的工作主要包括：确认资格与挂牌；拓展现有职能，增加安全救援项目；在这些旅游安全救援机构中，增设专门负责安全救援工作的部门和人员。

3. 安全救援的直接外围机构

我们把与旅游安全问题的发生有直接关系、与安全救援工作仅有间接关系的所有机构统称为旅游安全救援的直接外围机构，主要包括可能发生旅游安全问题的旅游景区（点）、旅游企业、旅游管理部门和社区。当前，这些机构必须做好如下工作：切实进行安全管理工作；设立专门的旅游安全管理机构，专门负责安全管理工作，对全体员工进行旅游安全培训，提高从业人员的安全意识；转变人们对安全问题的片面和错误的看法，使其正确对待安全问题，把旅游安全管理工作置于旅游安全救援系统和广大旅游者的监督之中。

4. 安全救援的间接外围机构

安全救援的间接外围机构本身不是旅游安全问题发生的现场，也不参与整个安全救援工作，但却有可能影响旅游救援工作的开展，并可能在适当的时候起到极大的帮助作用，主要包括旅游地、保险机构、新闻媒体和通信部门。

（五）旅游保险体系

我国旅游保险体系从1990年起发展至今，基本形成了具有旅行社旅客责任险、旅游人身伤害险、旅游意外保险、旅行社责任险、旅游救助保险等险种的旅游保险运作体系。目前在实际操作上，还有的旅游者不了解交通、游览、住宿等过程中的保险制度，事后难以索赔；也有的“黑旅行社”没有为旅游者购买保险，欺骗旅游者。国家和地方旅游管理部门应大力宣传，使旅游者增强保险意识，保护自己的合法权益。此外，随着国际旅游规模的扩大，在出境旅游中如何购买保险更是旅游部门和旅游者要注意的问题。我国出境旅游者已有在国外遇险的案例，由于事先对国外保险制度了解不够，获赔金额少于外国旅游者，在这方面我们也必须“与国际接轨”，实现“以人为本”。

第七节　可持续发展保障体系建设

一、全域旅游可持续发展核心思想

全域旅游从范围上看是指特定地域的旅游，从组成要素上看是指以人类旅游活动为主体，以旅游观光对象为客体，并由其他人文与自然要素交织而成的旅游地域系统。

可持续发展是一种全新的价值观念，其实质是人类在对工业化运动带来的人口、资源、环境与社会经济之间不协调现象反思的基础上，在发展道路、模式上的理性选择，选择的核心是协调人与自然的关系，协调人与人的关系，以做到既能满足当代人的需要，又不损害后代人满足其需要的能力。它既不是单纯经济持续发展或社会持续发展，也不是单纯的自然生态持续发展，是以人为中心的“自然—社会—经济”复合系统可持续发展。

全域旅游可持续发展的核心思想是建立在经济效益、社会效益和环境生态效益基础之上的，既要使人们的旅游需求得到满足，个人得到充分发展，又要对旅游资源和旅游环境进行保护，使后人具有同等的旅游发展机会和权利。全域旅游可持续发展特别关注的是旅游活动的生态合理性，强调对旅游资源和旅游地环境的保护。在发展指标上，不单纯将旅游收入作为衡量全域旅游发展的唯一指标，而是要从社会、经济、文化、环境等多项指标上衡量其发展情况。

这种多指标综合性考虑，能够较好地把旅游发展的当前利益与长远利益、局部利益与全局利益有机地统一起来，使全域旅游沿着健康的轨道发展。

全域旅游可持续发展的核心思想的另一个重要方面是正确处理旅游活动同旅游地资源和环境的关系。旅游活动同旅游资源和环境的关系既是对立的，又是统一的。其对立主要表现在随着旅游活动规模和范围的日益扩大，很多国家和地区由于在旅游经济发展过程中没有重视旅游地生态和环境问题，旅游活动违背客观规律，旅游经营活动的粗放管理，对资源的过度开发利用和对旅游地环境保护的忽视，使全域旅游发展过程中暴露出来的问题越来越多，全域旅游发展难以持续。

二、全域旅游可持续发展的目标

（一）保护环境

全域旅游作为以服务消费与精神消费为内容的高层次消费，对环境有很强的依赖性，旅游地要求有好的环境，它是实现可持续发展的内在动力，所以要强化人们旅游生态意识和共同美化环境意识，合理开发、利用、美化旅游资源环境，切实保护目前和未来旅游发展赖以生存的旅游生态环境质量，促进自然美的深化和自然美与人工美的完美结合，高层次地实现人类与自然界的共同进化，确保旅游资源的永续利用和旅游经济产业的高效运转与可持续发展。如新加坡广泛植树种花，加强园林建设，成为一座“花园城市”，在很大程度上是为了全域旅游的发展。江苏省张家港市参照新加坡的经验，重视保护环境，每年吸引了大量游客。

（二）提高效益

全域旅游要增进人们对旅游所产生的环境效应与经济效应的理解，树立新的旅游资源观和旅游资源忧患意识，合理地确定游客容量，适度控制旅游发展规模，切实保持旅游容量动态平衡，高效利用旅游资源，不断地推出高品位旅游产品，高水平地进行经营管理，从而在不冲击环境生态效益和不损害下一代人利益的基础上，实现旅游经济的高效益和旅游效益与生态效益相协调，保证旅游业在有序的市场环境中运行。我国是一个发展中大国，虽地大物博，但人均资源相对较少，旅游资源也是如此。因此，我国面临着人民生活水平提高、旅游消费增加同旅游资源相对短缺的矛盾，而要解决这个矛盾，必须提高旅游资源的利用效率，加大旅游资源和旅游环境的保护力度，提升效益，走全域旅游可持续发展之路。

（三）公平发展

促进旅游的公平发展，确保当代人和世代人都能享有优美的旅游环境、高效的旅游经济效益和充分满足的旅游需求，确保各地区旅游资源的合理分配和公平使用，鼓励各地区充分发挥各自的旅游资源优势，开发各自的特色旅游产品，增加本区旅游资源类型和旅游产品互补概率，保护美化旅游环境，为旅游者提供高质量的旅游服务。共同享受不同区域的自然美景和人类文明，通过旅游活动实现全域旅游资源互补，并使旅游消费更加多样化和高级化。同时，通过全域旅游增进各区域间的友好往来，促进不同区域间经济、文化、科技交流，推动区域经济平衡发展和共同富裕，加强各地区间的互相了解，实现人类和睦相处和整体进步，推进人类文明发展。在向旅游者提供高质量的旅游经历的同时，改善旅游接待地居民的生活质量。世界旅游合作与发展大会对旅游可持续发展的目标，集中起来可概括为三个字“高质量”，即在不损害生态环境可持续性、旅游地居民利益的基础上，既满足当代人高质量的旅游需求，又满足子孙后代的旅游需求，实现旅游业的长期稳定和良性发展。为了满足两个“高质量”的发展目标，要求旅游接待地保持较高的接待水准，并给旅游者提供高质量的体验性环境和阅历，给未来旅游者留下高质量的资源和环境氛围。全域旅游虽然有导致环境退化的消极影响，但也有促进环境质量优化的积极作用。由于旅游者总是希望到富有魅力、干净而未受到污染的地方观光游览，并且环境状况对该地区居民本身也格外重要，从这个意义上来说，全域旅游又能够起到促进环境改善的作用。

三、全域旅游可持续发展保障体系建设

（一）加强全域旅游资源的可持续利用与管理

随着旅游经济的不断发展，旅游消费与供给的矛盾将更趋紧张。为此，必须挖掘旅游目的地的资源潜力，努力扩大供给，满足旅游发展的需要。而要扩大供给，首先，要加强全域旅游资源的调查，把那些具有较高旅游价值而目前仍未开发利用的旅游资源挖掘出来。其次，要加强旅游资源的培育与养护。在旅游发展过程中，受到威胁最大的不是不可再生旅游资源，而是那些可再生资源，如森林、草地和动物资源等。而这些资源的繁育更新期一般都很长，少则几十年，多则上百年。因此，在区域发展全域旅游的过程中，要做到未雨绸缪，做到合理的保护性开发。最后，要加强区域资源的综合利用。全域旅游发展过程中，更加追求资源的独特性、新奇性，有些资源既是工业资源、农业资源，

又是旅游资源，如大型的现代化厂矿企业、农田水利设施、花园与果圃等，都具有综合利用价值，要最大限度地开发出它们的独特价值。在全域旅游的开发过程中，要将旅游资源开发利用的规模限制在其自然更新的能力范围之内，使得区域内的资源可取之不尽，用之不竭。

（二）计划手段的宏观调控作用

可持续发展作为一种新的发展模式，需要通过各种法规、法律、政策等的引导和规范进行政府的宏观调控。在发展全域旅游的过程中，要摒弃以往市场经济条件下，把获取最大利润作为唯一驱动力，以旅游资源的高投入、旅游环境的污染和生态的破坏为代价换取可观的经济收入，以保持其在竞争中的优势，导致资源的浪费和环境的污染，使全域旅游发展难以持续的方式。我国应学习西方国家利用政府的宏观调控作用即国民经济和社会发展计划来进行资源的合理配置。国民经济和社会发展计划的职能很多，如确定国家或地区社会发展方向的战略、确定产业政策和宏观调控目标、协调经济与社会发展、规划生产力布局、加强国土整治和环境保护、分配和调剂国家物资等。全域旅游可持续发展是一个地区社会、经济、环境全面发展的一个重要方面，其发展同样需要计划手段的宏观调控作用，包括全域旅游发展主要指标设置，如与旅游相关的社会、经济和环境各种指标；对全域旅游发展方向、发展规模和宏观布局的安排；全域旅游发展与区域其他产业发展关系的协调和综合平衡。

（三）利用旅游产业政策作保障

实践告诉我们，全域旅游发展的不可持续性，是旅游经济开发的不当和旅游活动的不当造成的。因此，问题的解决也必须从这两个方面着手进行，其中最好的办法之一，就是制定适当的旅游产业政策，将问题消除于未然。旅游产业政策对各种旅游活动起着调节作用，每一项旅游政策的实施都将引起旅游活动主体的相应反应。因此，当我们进行旅游产业政策决策时，要明确两个问题：其一，我们所制定的旅游政策有利于旅游经济的发展和人们旅游活动的开展；其二，这种旅游政策所实现的旅游经济增长不能以牺牲环境质量和浪费旅游资源为代价。旅游产业政策包括的内容概括来讲有三个方面：一是基本内容，如旅游产业结构政策、旅游产业地区政策和旅游产业组织政策等；二是特殊内容，如旅游市场开发政策、旅游产品政策和旅游技术政策等；三是保障内容，即以上各项政策在实施过程中所采取的相应的手段体系和保障体系，如实施保障政策、旅游体制保障体系等。

（四）充分发挥民主、法制建设的保障作用

关于资源环境保护工作，原国务委员宋健曾指出："我们现在正面临着一个重大转折，就是从口号、教育和说服转变为依靠法制。"宣传教育需要依靠人的自觉性去解决问题，这是很不够的，还必须有强有力的法制做保障。其原因包括以下方面：第一，稳定的法律可以保证基本政策得以长期稳定地贯彻执行，从而可以保证全域旅游可持续发展的稳定性；第二，全域旅游可持续发展的涉及面极广，而且各方面之间又存在着错综复杂的利益关系，这些关系必须用相应的法律加以具体规范；第三，全域旅游可持续发展是区域可持续发展的一个重要方面，它是在国家的宏观调控下完成的，其调控目标只有在相应的法律保障下才能实现；第四，全域旅游可持续发展是在市场机制条件下公平竞争中的发展，其竞争秩序只有通过加强法制才能得以维护；第五，在全域旅游可持续发展过程中，可能还需要变革现行的一些政策与做法，触动一些人或一些部门的既得利益，为了推行新的政策，也必须有相应的法律依据。

参考文献

[1] 保继刚，楚义芳 . 旅游地理学 [M]. 北京：高等教育出版社，1993.

[2] 吴必虎，俞曦 . 旅游规划原理 [M]. 北京：中国旅游出版社，2010.

[3] 谢彦君 . 基础旅游学 [M]. 3 版 . 北京：中国旅游出版社，2011.

[4] 邹统钎，高中，钟林生 . 旅游学术思想流派 [M]. 天津：南开大学出版社，2008.

[5] 邹统钎 . 区域旅游合作模式与机制研究 [M]. 天津：南开大学出版社，2010.

[6] 北京巅峰智业旅游文化创意股份有限公司课题组 .“一带一路”旅游创新发展 [M]. 北京：旅游教育出版社，2016.

[7] 苏东水 . 产业经济学 [M]. 4 版 . 北京：高等教育出版社，2015.

[8] 鲁勇 . 旅游思辨 [M]. 北京：社会科学文献出版社，2013.

[9] 曾祥辉，郑耀星 . 全域旅游视角下永定县旅游发展探讨 [J]. 福建农林大学学报（哲学社会科学版），2015（1）.

[10] 樊文斌 .“全域旅游”视角下大连旅游专项规划探析 [J]. 规划师，2015（2）.

[11] 黄细嘉，李凉 . 全域旅游背景下的文明旅游路径依赖 [J]. 旅游学刊，2016（8）.

[12] 李志飞 . 全域旅游时代的变与不变 [J]. 旅游学刊，2016（9）.

[13] 厉新建，马蕾，陈丽嘉 . 全域旅游发展：逻辑与重点 [J]. 旅游学刊，2016（9）.

[14] 厉新建，张凌云，崔莉 . 全域旅游：建设世界一流旅游目的地的理念创新：以北京为例 [J]. 人文地理，2013（3）.

[15] 吕俊芳 . 辽宁沿海经济带“全域旅游”发展研究 [J]. 经济研究参考，2013（29）.

[16] 马勇，刘军 . 绿色发展背景下旅游生态效率的核心价值及提升策略 [J]. 旅游学刊，2016（9）.

[17] 张辉 . 中国旅游发展笔谈：全域旅游（一）[J]. 旅游学刊，2016（9）.

[18] 张辉，岳燕祥 . 全域旅游的理性思考 [J]. 旅游学刊，2016（9）.

[19] 张文磊，周忠发 . 全域体验开发模式：区域旅游开发的新途径 [J]. 生态经济，2013（2）.

[20] 吕俊芳 . 城乡统筹视阈下中国全域旅游发展范式研究 [J]. 河南科学，2014（1）.

[21] 马玫 . 城市地域结构的理论回顾 [J]. 地理学与国土研究，1995（3）.

[22] 张朝枝，邓曾，游旺 . 基于旅游体验视角的旅游产业价值链分析 [J]. 旅游学刊，2010（6）.

[23] 王润，刘家明 . 旅游产业集群研究综述 [J]. 地理科学进展，2012（10）.

[24] 聂铭，杨光明，王旭，等 . 旅游开发中"点线带圈面"空间形态发展的逻辑 [J]. 商业经济研究，2015（1）.

[25] 马国霞，甘国辉 . 区域经济发展空间研究进展 [J]. 地理科学进展，2005（2）.

[26] 胡跃龙，窦群 . 全域旅游需全新的发展理念 [N]. 中国旅游报，2015-10-26（4）.

[27] 汤少忠 ."全域旅游"规划实践与思考 [N]. 中国旅游报，2015-07-10（A02）.

[28] 魏小安 . 促进全域旅游发展 [N]. 中国旅游报，2015-12-07（C02）.

[29] 杨振之，齐镭 . 全域旅游理论及其实践体系 [N]. 中国旅游报，2015-09-30（A02）.

[30] 李克强 . 让旅游成为世界和平发展之舟 [N]. 人民日报，2016-05-20（2）.

[31] 朱国强 . 苏州发展全域旅游的实践与思考 [N]. 中国旅游报，2016-03-28（C02）.

[32] 吴必虎，张栋平 . 以五大发展理念引领全域旅游发展 [N]. 中国旅游报，2016-02-03（4）.

[33] 石培华 . 全域旅游是新阶段旅游发展总体战略 [N]. 中国旅游报，2016-02-05（4）.

[34] 汤少忠 ."全域旅游"驱动因素与发展模式 [N]. 中国旅游报，2014-06-04（14）.

[35] 蔡克信 . 关于全域度假发展模式下的产业融合发展 [N]. 中国旅游报，2012-01-11（14）.